La imbecilidad es cosa seria

Maurizio Ferraris

La imbecilidad es cosa seria

Alianza editorial
El libro de bolsillo

Título original: *L'imbecillità è una cosa seria*
Traducción de Marco Aurelio Galmarini

Primera edición: 2018
Segunda reimpresión: febrero 2026

Diseño de colección: Estudio de Manuel Estrada con la colaboración de Roberto Turégano y Lynda Bozarth
Diseño de cubierta: Manuel Estrada

Calle Valentín Beato, 21
28037 Madrid
www.alianzaeditorial.es

PAPEL DE FIBRA CERTIFICADA

ISBN: 978-84-9104-975-3
Depósito legal: M. 29.977-2017
Printed in Spain

Índice

Prólogo
Tu quoque trascendental

Busco un sacerdote para confesarme.
No lo encuentro. Peco.
Niccolò Tommaseo, *Diario.*

Preveo el *tu quoque* trascendental y me resigno. Se necesita tener dentro al menos una pizca de imbecilidad para sentir su atracción irresistible, o, para decirlo con palabras de Zaratustra, «es preciso tener todavía caos dentro de sí para poder dar a luz una estrella danzarina». No está claro qué pueda ser una estrella danzarina, ni si merece la pena darlas a luz, pero no hay absolutamente ninguna duda de que se trata de la frase de un tonto, pese a haberla escrito un gigante del pensamiento. Es justamente por esta ubicuidad por lo que la reflexión sobre la imbecilidad ha atraído la atención de las mentes más preclaras de nuestro tiempo. ¿Cuál es el tema a indagar? Tal vez cabría preguntarnos por la imbecilidad de los demás, pero –una vez comprobado que incluso a los personajes más ilustres se les escapan pensamientos, palabras, actos u omisiones imbéciles– es probable que también debamos interrogarnos si no será que las figuras más famosas y sus magníficas mentes no estarán, unas y otras, infectadas de imbecilidad. El problema reside en que la imbecilidad también ha sido tema de reflexión (si cabe esta expresión) de legiones de imbéciles, lista que comienza prácticamente con la hominización y se prolonga día tras día. Y esta lista implica siempre la posibilidad nada remota de encontrar en ella nuestro propio nombre.

Como ha escrito una famosa deconstruccionista estadounidense, Avital Ronell: «He trabajado mucho en este campo y durante una gran parte de mi vida me he sentido estúpida»[1]. Lo mismo podría decir cualquier persona, y en particular un profesor[2], que es justamente lo que me autoriza a hablar sobre la estupidez. También yo soy experto, también yo he trabajado mucho en este sector y me he sentido imbécil muchas veces, muchísimas otras lo he sido sin darme cuenta y, por absurdo que parezca (pero en matemáticas no se trata de opiniones: yo soy uno, y los demás, muchos), en muchas más ocasiones me he divertido o he quedado pasmado ante la imbecilidad ajena. Esta *excusatio non petita* contiene un elemento tranquilizador, sin duda. Como observa Ortega y Gasset, al hombre razonable *(perspicaz)** lo atormenta permanentemente la sospecha de ser un imbécil y ve abrirse ante sí el abismo de la imbecilidad *(estulticia)**, mientras que el imbécil se siente orgulloso de sí mismo.

De acuerdo, pero ¿cómo se distingue el orgullo del imbécil de la filautía, el amor propio que Aristóteles consideraba un rasgo positivo del hombre valioso? Y, a la inversa, ¿estamos seguros de que, de acuerdo con la ley

* En castellano en el original. *(N. del T.)*

implacable que vengo enunciando, no fue Ortega un perfecto imbécil?[3]. Como decía Belbo a Casaubon, «no hay escapatoria. Todos son estúpidos, excepto él y yo; o mejor, para no ofender, excepto él».

Si pasamos del Foucault del péndulo al de la *Historia de la locura,* tenemos la impresión de que esta yerra el blanco. Lo que asusta no es la locura, sino la imbecilidad[4], sobre todo porque es irredimible y se mantiene como una mancha ciega, una diferencia irrecuperable, sin *Aufhebung* ni resurrección, como una palada de arena en el engranaje de la dialéctica[5]. Además, los locos son pocos y, en general, reconocibles. Los tontos son muchos y están bien mimetizados y dispersos en el medio. Es fácil reconocer al loco que cree ser Napoleón, pero, bien visto, el verdadero problema reside en que un análisis sin prejuicios podría dar como resultado que Napoleón era un tonto. Únicamente un gran hombre, con su «pretensión de serlo todo»[6], puede ser, sin contradicción, un imbécil, como sucede precisamente con Napoleón a ojos de Tolstói y de Gadda. ¿Quién sino un imbécil habría ido a Rusia arriesgando casa, imperio y patrimonio? ¿Quién habría ido doce años antes a Egipto a arengar a la tropa a golpe de siglos y de pirámides? ¿Y para qué? Para luchar con los mamelucos. Lo que no le impedía distribuir patentes de imbecilidad, a menudo formulando sus juicios en términos de déficit cognitivo (estupidez, idiotez, imbecilidad), y no de alienación, falsa conciencia o capital. He aquí el catálogo: gilipollas, idiota, imbécil, embustero, verdugo, esbirro, canalla, charlatán, burro, cotilla, bestia ignorante[7].

Mort aux cons

La lista de Napoleón plantea un problema terminológico. En efecto, ¿cómo se distingue entre un gilipollas y un idiota, entre un estúpido y un imbécil, entre un tonto y un cretino? Aun reconociendo la validez de las sutiles distinciones entre estúpidos, imbéciles, cretinos y locos que proponen Eco[8] y Carlo Cipolla[9], me parecen (tal vez por estupidez) difíciles de aplicar, y considero esencialmente equivalentes los términos *foolishness,* tontería* y *Dummheit*. Por tanto, en sustancia y de manera transcategorial, defino la imbecilidad como ceguera, indiferencia u hostilidad a los valores cognitivos[10], más extendida entre quienes tienen ambiciones intelectuales, gracias a lo cual resulta ser la *chose du monde la mieux partagée*.

«El mundo es mi representación», escribía Schopenhauer al comienzo de su obra maestra, y continuaba así: «Esta es la verdad que vale para todo ser viviente y cognoscente, aunque solo el hombre puede llevarla a la conciencia reflexiva abstracta: y cuando lo hace realmente, surge en él la reflexión filosófica». Mucho más grandiosas, verdaderas y eternas habrían sido estas palabras si las tesis de fondo, en lugar de sostener un discutible idealismo, hubieran enunciado esta afirmación, realista por excelencia: *el mundo está lleno de gilipollas*. En efecto, la imbecilidad es una cosa seria, no algo que ataña a unos pocos ni, sobre todo, a los otros («Los imbéciles son los otros», diría Sartre). Esto se confirma a poco que se le

* En castellano en el original. *(N. del T.)*

preste atención, tanto en la economía como en la sociedad o la filosofía de la historia.

En particular en la filosofía de la historia, la disciplina académica tan cara a Bouvard y Pécuchet[11]. La época en que vivimos es en realidad el resultado de un clamoroso fracaso de las ideologías como regla de comportamiento colectivo, así como una explosión de tecnologías que simplifican el acceso a la cultura y, en consecuencia, facilitan la toma de posición individual, por lo que es con razón más propensa a valorizar, en cualquier franja etaria, la conexión entre cultura y ejemplo individual. Esta es la buena noticia.

La mala noticia es que el fariseísmo –la discrepancia imaginaria respecto de lo que no funciona y la oposición real entre lo que se dice y lo que se hace– no desaparece con un cambio de generación, pues es una tentación perenne del espíritu humano. Pensemos además en disposiciones que no se curan con la simple buena voluntad, la honestidad o la parresia, como es precisamente el caso de la estupidez. Pero hemos de aceptarlo, pues toda época tiene sus fantoches de todo sexo y edad, así como sus mentirosos, sus bribones y, por supuesto, sus imbéciles. Me parece que una de las ventajas de nuestro tiempo es la posibilidad –siempre, claro está, que la persigamos con empeño y a riesgo personal, empezando por el de pasar por imbéciles– de llamarlos claramente por su nombre e incluso de combatirlos, aun a sabiendas de que son imbatibles.

En realidad, *Mort aux cons,* «muerte a los gilipollas», era el nombre de un jeep de la Segunda División Blindada del general Leclerc. Fue la primera que entró en París, el 24 de agosto de 1944, tras la evacuación alemana. El general De Gaulle acertó a verlo escrito, oportunidad en que pronunció su famoso comentario: «Vasto programa». Vastísimo. Ante todo porque –como hemos visto y veremos con implacable monotonía– se presta a la represalia más que cualquier otro, pues ¿quién eres tú, de qué inteligencia puedes jactarte, qué autoridad puedes invocar, tú, pobre imbécil (dado que no tienes nada mejor que hacer que dedicarte al tema), para tratarme de imbécil no solo a mí, sino también directamente a las multitudes? ¿Qué patente de inteligencia te autoriza a alzarte por encima del mundo? Si hay un momento en que una persona inteligente parece irremisiblemente estúpida es aquel en que –de acuerdo con el dicho napolitano– *fa il gallo sull'immondizia,* esto es, se pone a fanfarronear, como, por ejemplo, cuando Valéry comienza *Monsieur Teste* con esta apabullante sentencia: «La estupidez no es mi fuerte».

En realidad, la sensación de imbecilidad debería actuar del mismo modo que la advertencia del demonio socrático, esto es, salvándome de caer en un argumento peligroso y excesivo. Es enorme, precisamente propio de imbéciles, el riesgo que se asume cuando se habla de imbecilidad. Efectivamente, es muy difícil calificar a alguien de imbécil sin que cualquier otro nos endilgue, y con fundamento, nuestra propia imbecilidad. A esta circunstancia nos remite el hecho de que, como ya he indicado y veremos más adelante, quienes han escrito sobre la imbecilidad han sido a menudo imbéciles, esto es, los menos conscientes de los riesgos a los que se enfrentaban.

Sin embargo, como es lícito suponer que el *thaumazein*[12] –el estado de asombro que tradicionalmente se ha considerado origen de la filosofía– es una actitud propia de imbéciles[13], parece una buena regla dudar de la eficacia del demonio socrático, que solo calló una vez, cuando Sócrates se dirigió voluntariamente a la muerte, como desafiándola y observando hasta dónde estaba dispuesto a llegar con aquella taza de cicuta en la mano. De haber hablado, no me cuesta imaginarlo, le habría dicho al oído: «¡Imbécil!». Algo parecido a lo que ocurre en la tragedia de Abraham tal como la reescribe Kierkegaard. Abraham, creyendo que obedecía al mandato divino, mata al hijo y se le aparece Dios para decirle: «¿Qué haces, pobre viejo? [Leer entre líneas, diría Gadda] ¡No pretendía de ti semejante cosa! Eres mi amigo, solo quería poner a prueba tu fe. Incluso en el último momento te he gritado: ¡Abraham, Abraham, detente!»[14].

Fumus imbecillitatis

Cuando uno se pregunta qué puede llevar a un ser humano a escribir un libro sobre la imbecilidad, es preciso abstenerse de la respuesta más previsible, aunque no sea necesariamente falsa. Se trata, seguramente, de la atracción inevitable y homeopática del afín, pero no es solo eso. Es también, sin duda, el reclamo de lo relativamente insólito, la conciencia de lo contrario. El tema propio de los profesores de filosofía es la razón y la mejora del entendimiento, de modo que la tentación de la imbecilidad sería en ellos análoga a la tentación de la prosa que a veces seduce a los poetas y a ciertos filósofos.

Pero hay más. El ocuparse de la imbecilidad no responde simplemente al gusto maligno de escupir hiel sobre los semejantes y (por mérito propio y por igualdad de trato) también sobre uno mismo. Es la llamada del abismo y de lo negativo y, al mismo tiempo, de la pura verdad. Porque no hay grandeza humana que no se vea atormentada por la imbecilidad, e incluso las mayores iluminaciones, como veremos a lo largo de este libro, tienen en ella su origen. Piénsese en la mirada desalentada de Charlus cogido a contrapié por la maldad de Mme Verdurin, desaliento que anticipa la imbecilidad final con que Charlus se toma vacaciones del Narrador y de nosotros en la vigilia de la *matinée* Guermantes; en las tonterías que escribe Nietzsche desde Turín para vanagloriarse ante su madre; en la oreja arrancada de Van Gogh; en la noble imbecilidad de Moctezuma, que permite la desaparición de un imperio sin ningún motivo; en el *fumus imbecillitatis* que aletea eternamente alrededor del santo, y que para el monje y teólogo franciscano Diego de Estella es una molestia más que prodiga el Omnipotente[15].

Un Sujeto Supuesto Saber de aquellos con los que nos toparemos en el segundo capítulo de este opúsculo tendría una respuesta rápida, y legítima: la de que descubrir la imbecilidad del hombre de genio es una fase evolutiva en un camino que se inició en la infancia, cuando se deshizo el mito de la omnipotencia paterna. La imbecilidad de Gödel, gran lógico, pero al mismo tiempo firmemente convencido de la existencia de fantasmas, o (ascendiendo) la muerte de Dios no son sino variaciones de este esquema primario.

De acuerdo, pero eso no quita que la imbecilidad descubierta sea verdadera y que, más que un mero júbilo paranoico (la muerte de Dios como precondición del Superhombre), sugiera una contemplación de la imbecilidad como inherente a todo ser humano, incluso al más eminente. Como una calavera barroca, el imbécil mira al viandante con una sonrisa egipcia: «Fui lo que eres, serás lo que soy». Vuelvo a decirlo: de todo se puede hablar sin temor a que entren en juego las cualidades de quien escribe: fealdad, delincuencia, racismo. Pero merece especial atención el hecho de que con la imbecilidad ocurra exactamente lo contrario. Reflexionar sobre la imbecilidad abre la caja negra que se esconde tras toda catástrofe, una caja extraña, con un muñeco dentro que tiene nuestras facciones, esto es, el imbécil que somos.

Más que a la bacanal de los espíritus libres, la imbecilidad nos remite a las palabras que acompañaban la sepultura de los emperadores de Austria en la Kapuzinergruft de Viena[16], con la única diferencia de que habrá que decir «un pobre y miserable imbécil».

Sin embargo, el verdadero milagro es que mientras que el pecador provoca el llanto, el imbécil mueve a la risa, que es precisamente la titánica grandeza de la imbecilidad, la de ser la única desgracia de la que es posible reírse, la única tragedia acerca de la cual es posible expresarse únicamente en términos de *divertissement*.

«Palabras santas, o al menos piadosas. Entonces, ¿por qué, pese a todas estas juiciosas reflexiones, no detenerse aquí y continuar en cambio con cuatro capítulos y un epílogo?» «A ti te corresponde la respuesta, lector hipócrita, mi semejante (sin ofensa), mi hermano.»

Agradecimientos

Puesto que el tema de este librito es que el interés por la imbecilidad es en sí mismo un indicio de connivencia con ella, cualquier expresión de gratitud sonaría como una llamada a la complicidad, así que me abstengo de agradecimientos.

1. Imbecilidad de masas

Pauvre Belgique

«Un pobre estúpido con la inteligencia de un cenicero vacío, que cree vivir en un videojuego y solo conoce del Corán unas cuantas interpretaciones que ha leído en internet.» Es lo que dijo el abogado de Salah Abdeslam, uno de los autores del atentado del 13 de noviembre de 2015 en París. No es más que la enésima prueba de la imbecilidad del mal, y sugiere que un hipotético monstruo al estilo de Frankenstein o del Golem sería, ante todo, un imbécil, un *foreign fighter* o un chico de buena familia que con cuatro amigos decide realizar una masacre en Daca. Pero ¿por qué hablar del Golem y dejar a la literatura fantástica lo que es una concreta realidad cotidiana? Como demuestran el pobre estúpido de Bruselas (potencial suplemento del *Pauvre Belgique* de Baudelaire), los ricos estúpidos de Daca (véanse las fotos en Facebook) y, sobre todo, la multitud de militares y militantes desconocidos de todas las confesiones, partidos o inclinaciones que cada día ofrecen sacrificios en el altar de la más vendada de las diosas con *posts* y comentarios, el Golem existe y, en nuestros días, se llama web.

De esto era plenamente consciente Umberto Eco cuando, pocos meses antes de morir, salió con aquella afirmación, que disgustó a más de uno y dejó a no pocos en evidencia, según la cual en la red es posible leer muchas cosas inteligentes, pero también es el espacio en el que se pueden manifestar legiones de imbéciles[1]. ¿Cómo se permite? ¿A quiénes se refiere? Se refiere a mí y a ti, por ejemplo, «gente demasiado interesada en conocer vidas ajenas y perezosa en enmendar la suya», como decía Agustín[2]. Gente dispuesta a decir que la humanidad es perfecta, pero resulta pervertida por la técnica, que la aliena, la aleja de sí misma, la transforma y la deforma, en resumen, la vuelve imbécil. El desprecio, junto con el recurso a la alienación, es un modo de mirar a otro lado para evitar la evidencia, esto es, el hecho de que, lejos de producir alienación, la técnica desvela lo que somos más allá de los sueños y las mistificaciones. Esto significa, entre otras cosas, estar dispuestos a difundir e inmortalizar las peores memeces mediante instrumentos que permiten darnos a conocer como lo que somos al publicar *urbi et orbi* nuestra imbecilidad, que, después de todo, no olvidemos, es la característica propia del ser humano, ya que la inteligencia y la abnegación son evidentemente virtudes raras a las que se honra precisamente por tratarse de anomalías.

Nietzsche (volveremos a él) escribía que el hombre es una cuerda tendida entre la bestia y el superhombre. Dicho de un modo más preciso, es el camino intermedio entre un imbécil y su contrario, contrario que tal vez aún no haya aparecido sobre la faz de la tierra. En el tránsito, la cuerda tendida es una cuerda imbécil, *ni dieu ni bête,* ni carne ni pescado, y, sobre todo (lo que, bien pensado, es aterrador), *ni inteligente ni no inteligente.* Vico veía claramente que nuestro pasado está hecho de bestias. Lo que no veía con suficiente claridad es que dicho tránsito es mucho más largo de lo que se cree, tanto que convierte a toda la filosofía de la historia en una epopeya de la imbecilidad, que podría también entenderse simplemente como la historia de la razón y la libertad considerada desde otro punto de vista, como el vaso medio vacío de magníficos destinos de progreso. El *homo sapiens sapiens* podría ser un imbécil intermedio –que es lo que ya viene a sugerir la nada modesta elección del nombre, con el agravante de la repetición–, sospecha que subyace en el fondo de la literatura sobre la imbecilidad, sorprendentemente abundante si se tiene en cuenta la amenaza del *tu quoque* trascendental[3].

¿Es para asombrarse? En efecto, no hay nada más estúpido que asombrarse de la imbecilidad, aparte de que, en general, estúpido es (etimológicamente) el que se asombra*. En consecuencia, es ante todo estúpida la ya mencionada leyenda que ve en la admiración el origen de la filosofía, actitud mentecata y disposición sospechosa que no necesariamente promete redención alguna; sobre

* Es interesante destacar que *stupido* (estúpido) tiene en italiano el mismo origen que el verbo *stupire* (asombrar), sentido que en castellano apreciamos en 'estupor' o 'estupefacto', pero no disponemos de un verbo con esa raíz. *(N. del T.)*

esta volveremos en el capítulo cuarto al examinar la dialéctica de la imbecilidad. En realidad, estúpido es quien hace estupideces, como sentenciaba la madre de Forrest Gump cuando sugería, con razón, que la imbecilidad es un comportamiento –por ejemplo, caerse en un pozo por mirar las estrellas–, no importa si involuntario o simulado (como en el dicho «hacerse el tonto para no pagar el impuesto»).

¿Qué decía, pues, nuestro Schopenhauer modificado? «El mundo está lleno de gilipollas.» Es la revelación de Bouvard y Pécuchet en Flaubert, es lo que nos demuestra la psicología del pensamiento[4], que nos habla de una humanidad formada en las sabanas y catapultada a parlamentos, universidades y empresas en tiempos irrisorios desde el punto de vista evolutivo. Esta presencia se hace sentir tanto en la dirección de los ejércitos[5] como en los niveles más modestos de las administraciones públicas[6], y no solo teóricamente, sino de hecho, activa y febrilmente.

Lo que hace al ser humano tan propenso a dejarse movilizar por las causas más diversas (una declaración de guerra, una instalación artística, un partido de fútbol o un correo electrónico)[7] es que el movimiento, mucho más que la contemplación y la comprensión que de ella pudiera derivar, es la vocación profunda de un simio que comenzó a correr en las sabanas y nunca ha dejado de hacerlo, aun cuando haya dado a ese movimiento otros nombres y lo haya potenciado mediante la técnica. Es precisamente esta predisposición atávica la que despierta Forrest Gump cuando provoca la admiración nacional lanzándose a correr por todo Estados Unidos. ¿No es eso lo que dice el proverbio? «Quien no tiene cabeza tiene que tener pies.»

Imbecilidad y creatividad

O manos. Pensar, decía Heidegger, es obra de la mano. Por tanto, el cirujano debería ser la culminación del pensamiento y, sin embargo, muchas veces es preferible quedarse mano sobre mano, como lo demuestra el caso de un cirujano, el exalcalde de Roma Ignazio Marino, protagonista de una carrera en la que el término *imbécil* se ha oído (no importa ahora si con razón o no) con una frecuencia sospechosa *(Fragwürdig)*. Hay una ley implacable según la cual cuanto más pretende el simple mono ser *Weltbildend,* constructor de mundo, cuanto más accede o cree acceder a la creatividad, tanto más despliega una agitación en la que tienen origen no solamente novelas y ensayos (esto sería lo de menos) sino también programas políticos y actividades prácticas. Ningún genocidio ha dejado de tener en el fondo una dosis de creatividad, una cierta *Kunstwollen* mal resuelta, como, por ejemplo, la artesanía del doctor Mengele. Tener la creatividad bajo control, mantenerla a distancia en la medida de lo posible y de lo lícito, parece ser la vía regia para impedir que la originalidad demente irrumpa en la tradición, esto es, en los andadores[8] que guían nuestro juicio de seres imperfectos. Dado que no soy creativo, he pensado escribir un decálogo, como el Creador. Pero, puesto que no soy en absoluto creativo (al menos es lo que espero), la idea de estas reglas está tomada de un precioso libro de hace ya varios años, *El arte de amargarse la vida,* de Paul Watzlawick.

1. *No penséis en un elefante rosa.* Obviamente, lo habéis hecho. Lo mismo sucede con la invitación a ser creativos, y la propuesta de un método para conseguirlo no parece algo distinto de la orden de desobedecer o de la prescripción de ser naturales. Así como cuando te dicen que seas natural comienzan las palpitaciones, las urticarias y las sonrisas forzadas (te dan ganas de decir que no, que tú eres artificial), también te dan ganas de oponer una resistencia pasiva a la prescripción de crear: no, yo no creo, ni siquiera bajo tortura.

2. *Id a escuelas represivas.* He leído por casualidad la página web de un fulano que la tomaba con la escuela, de la que decía que frustra la creatividad. Es una cantinela que ya hemos oído muchas veces (muy poco creativa, pues) y que no explica cómo ha habido tantos creadores en el pasado, esto es, cuando las escuelas eran terriblemente represivas. Lo increíble es que aquel fulano que estaba contra la escuela había abierto a su vez una escuela. En todo caso, la represión aguza el ingenio, mientras que la exhortación a ser creativos es paralizante.

3. *No exageréis con las ideas.* Hegel dijo en una ocasión una cosa terriblemente cierta: las ideas están tan baratas como las manzanas. A este respecto, me han contado una anécdota que no sé cuán verdadera es pero que expresa bien lo que quiero decir. Una vez alguien se encontró con Einstein y le dijo: «Yo me levanto a las cinco de la mañana y anoto las ideas». Respuesta de Einstein: «Yo no. Yo, ideas, sabe usted, solo he tenido una o dos como máximo».

4. *Copiad, no creéis*. El secreto de la creatividad es un secreto a voces. Para ser creativo es preciso hacer lo contrario de lo que aconsejaba aquel fulano de la escuela de la creatividad; hay que copiar, copiar y copiar. Cuando nos hayamos hartado de copiar, cuando cada verso, cada nota, cada dibujo nos parezcan una cita, entonces seremos creadores o (al menos) no seremos repetidores. Esto no solo es válido en el arte, sino también en la vida, donde (creedme) la mayoría de las veces los principiantes repiten esquemas ya vistos, de la misma manera en que los autores inexpertos adoptan frases hechas. No es nada complicado. El error consiste en asociar el genio a la ausencia de reglas, cuando lo cierto es que el genio no tiene menos reglas que los otros, sino muchas más.

5. *Inventariad, no inventéis*. Para copiar, el inventario y el catálogo son grandes recursos, como ya sabían los latinos. *Inventio,* en latín, quiere decir dos cosas: la idea que parece salir de la nada, la invención del inventor, y la que uno encuentra en un repertorio *(inventio* era también inventariar, hallar los lugares comunes idóneos para la producción de discursos retóricamente persuasivos). Ahora bien, no hay nada que ayude tanto a inventar como el inventariar, por ejemplo, con la fabulosa riqueza que hoy se encuentra en internet. Y si en realidad no se consigue inventar, al menos se tendrá la conciencia de que algunos pretendidos inventos son más viejos que andar a pie[9]*.

* Para entender el texto de la nota 9 es preciso observar que la frase italiana correspondiente a 'viejos como andar a pie' es *vecchie come il cucco* (es decir, 'viejos como el cuco'). *(N. del T.)*

6. *Clasificad, no construyáis.* Este principio deriva directamente del anterior. Qué fastidio, después de todo, son los creadores, y qué placer, en cambio, los clasificadores, que introducen orden en la masa de lo existente.

7. *Ejemplificad, no simplifiquéis.* Leibniz decía que había visto atentamente más imágenes de plantas y animales, de fortalezas y casas y que había leído más novelas y relatos ingeniosos que cualquier otra persona, aun cuando en todo aquello que se le mostraba y se le contaba no hubiera nada verdadero. Los ejemplos son un recurso grandioso y exuberante, pero también son lo bello de la cultura, que, por tanto, no paraliza la creatividad, sino que la posibilita.

8. *Buscad objetos y no sujetos.* Decía Hamlet: «Hay más cosas entre la tierra y el cielo que en todas nuestras filosofías». Y Rilke: «Alaba al Ángel el mundo [...], muéstrale lo simple, lo que, plasmado de padres a hijos, vive, es nuestro, tenemos a mano y ante los ojos. Háblale de las cosas. Quedará asombrado». Los objetos que pueblan nuestra vida son un universo de ejemplos concretos, y además no practican, por lo general, las mistificaciones y automistificaciones de los sujetos. Pensándolo bien, es preciso desechar cantidad de ideas y de soluciones; de lo contrario, y en el peor de los casos, podemos llenar páginas y más páginas interminablemente, como hace Balzac cuando no sabe cómo seguir adelante con sus novelas.

9. *Enviad los creativos al creador.* No con mala intención, sino simplemente con naturalidad. Que disfrute Él de ellos; nosotros nos quedamos con los banales y los repetitivos.

10. *Levantad un monumento a Bouvard y Pécuchet.* El lugar común, lo obvio y lo burdo, no solo tiene a su favor la falta de pretensiones, lo que conduce a la indulgencia y la simplicidad, sino que además revela la esencia metafísica del mundo. Tú eres esto.

Imbecilidad y documentalidad

Tat tvam asi, tú eres esto; la vida es una fábula contada por un idiota[10], y el reino de los cielos está prometido a los pobres de espíritu (Mt. 5.3). He aquí algo que debe ser motivo de reflexión para la filosofía y la antropología, que en el siglo pasado insistió en el carácter estructuralmente débil del ser humano, necesitado de cuidados parentales durante un período prolongado, así como de complementos técnicos a su debilidad[11]. Y aquí, una vez más, las etimologías resultan esclarecedoras. «Imbécil», en realidad, deriva de *in-baculum,* el que no tiene báculo, e incapaz, por ejemplo, de encarnar la tercera edad de la vida en el enigma que la esfinge plantea a Edipo. En resumen, el hombre en estado natural sin ayudas técnicas, jurídicas o sociales, ya se trate de hojas de higuera o loden, porras, ruedas, encendedores o teléfonos móviles. Lo peor es que la inadecuación es doble y representa acabadamente lo que más adelante definiré como «dialéctica de la imbecilidad», inversa y simétrica respecto de la más discutida, pero infinitamente menos influyente, dialéctica de la ilustración[12]. Por una parte, se trata de la insuficiencia natural, que exige el desarrollo de la técnica y de la sociedad; por otra, de la insuficiencia cultural, la inadecuación de la humanidad en relación con sus creaciones, lo que resulta particularmente evidente en la web.

A más técnica, mayor grado de imbecilidad. Podrían presentarse a modo de objeción los personajes griegos de la ceguera trágica (Edipo) y épica (Agamenón), pero entre la ceguera de la *hybris* y la de la imbecilidad en sentido moderno hay todo un abismo[13]. En efecto, la *hybris* antigua es más locura que imbecilidad, pese a que *Quos vult Jupiter perdere, dementat prius* suele traducirse como «Júpiter vuelve imbéciles a quienes quiere perder». La primera confirmación la tenemos en el fragmento griego *ὅταν δ' ὁ δαίμων ἀνδρὶ πορσύνῃ κακά, τὸν νοῦν ἔβλαψε πρῶτον ᾧ βουλεύεται,* cuya traducción es «el demonio daña la mente de aquellos a quienes ha decidido perder»[14]. Sin embargo, se percibe el anacronismo. Entre los antiguos, raramente ser imbécil era motivo de insulto (a diferencia de estar loco, o ser cornudo o cobarde). De eso han sido conscientes los modernos, que, en la contraposición entre ingenuos y sentimentales codificada por Schiller, sugirieron que, entre los antiguos, ser ingenuo (esto es, imbécil) no era una culpa, mientras que sí lo era para los modernos, que de hecho se transformaban en sentimentales, o llegado el caso se hacían pasar por tales, pero no lo eran de verdad.

¿Tenemos que llegar a la conclusión de que el progreso técnico y la modernidad nos vuelven imbéciles? En absoluto. Pensarlo es, después de todo, un poco cosa de imbéciles. Para verificarlo, basta consultar, entre las muchas obras disponibles[15], *En el enjambre,* del filósofo coreano de nacionalidad alemana Byung-Chul Han, filípica contra lo digital sobre la base de la oposición entre la información «acumulativa y adictiva» y la verdad «exclusiva y selectiva». Se acusa a lo digital de todos los males del mundo: egoísmo, liberalismo, nihilismo, coacción, obscenidad, disminución del deseo, pero también de cosas un tanto especiales, como el hecho de que, a diferencia de en la *Ilíada,* «la indignación digital *no puede cantarse*», o que hoy vivimos «en un tiempo de *muertos vivientes,* en el cual no solo se ha vuelto imposible *estar vivo,* sino también *morir*» (cursivas del autor). ¿También el codo de tenista depende de lo digital? No. Sin embargo, Byung-Chul Han queda al borde de afirmarlo cuando habla de la «artrosis digital de los dedos» (que habría sido fatal para Heidegger desde el momento en que, como escribe Byung-Chul Han en otro sitio, al referirse también él al tema de la manualidad especulativa, «la mano de Heidegger *piensa* en lugar de actuar»). No obstante esta discapacidad, en el mundo digital «dispongo del Otro *como si lo tuviese entre el pulgar y el índice*». También en este caso las cursivas son del autor, que señala una circunstancia anatómicamente increíble incluso sin artrosis digital (probad a sujetar aunque solo sea un teléfono móvil entre el pulgar y el índice: ¿con qué escribiréis? ¿Con la nariz?) y antropológicamente problemática (en lo que se refiere a mi experiencia personal, tengo más bien la impresión de que es el Otro quien dispone de mí).

Byung-Chul Han se equivoca con la web de la misma manera en que Popper se equivocó con la televisión y Rousseau y Platón con la escritura. La técnica, sea cual fuere, no nos aliena ni nos idiotiza. Se limita a potenciar vertiginosamente las ocasiones en las que podemos darnos a conocer como lo que somos. A más técnica, mayor es la imbecilidad que se percibe. No somos hoy en absoluto más imbéciles que nuestros antepasados[16]. Más bien al contrario, es muy probable que seamos un poco más inteligentes que ellos. Menos comilones (¿habéis advertido todo lo que se come en las novelas del siglo XIX?), menos bebedores (intentad contar el número de cervezas que bebe Maigret en una jornada de trabajo), más liberales y menos autoritarios o –en otras *couches* sociales que la de Genny 'a carogna*– menos proclives al fanatismo (la quema de brujas ya no es una práctica corriente), medianamente más instruidos y alfabetizados. Precisamente en esto reside el problema. En el mundo de internet asistimos a un fenómeno que, en su conjunto, puede considerarse resultado de la ilustración, de la capacidad de las personas para pensar por sí mismas, pues la gente busca, se documenta, discute. Que luego el producto de estos pensamientos autónomos pueda no gustar, dada tal vez su arrogancia, agresividad o simplemente su imbecilidad, es innegable.

Debido a las características intrínsecas de la red, la imbecilidad está hoy mucho más documentada y difundida, porque lo que en otra época (veremos también esto más adelante) era prerrogativa de Francis Bacon, Lord Canciller de Inglaterra, el escribir para ejercitar los dedos, se ha convertido en la costumbre más extendida.

* Seudónimo de Gennaro de Tomasso, famoso cabecilla ultra del Nápoles, finalmente condenado en noviembre de 2016 por tráfico de drogas. *(N. del T.)*

No hay vida que pase sin dejar huellas. Y estas huellas no incluyen fondos de cajones, apuntes ni cartapacios. Todo se publica, literalmente, a la velocidad de la luz, es un apocalipsis sin mesianismo, ya que la revelación total no se hace esperar ni siquiera un instante. Solo por poner un ejemplo que habría complacido a Baudelaire, el 21 de julio de 2007 el futuro primer ministro belga Yves Leterme se equivocó de himno y en lugar de la *Brabançonne* entonó la *Marsellesa*. En otros tiempos, nadie se habría dado cuenta, la anécdota se habría perdido en el olvido o transformado en mito[17]. Hoy las cosas han cambiado y podemos verlo una y otra vez repetir su despiste en YouTube[18], y tal vez para siempre, lo que nos lleva a reflexionar (volveremos sobre esto) acerca de la imbecilidad como factor político, dado que, en realidad, ni aquel patinazo ni el abismo que este sacaba a la luz le impidieron convertirse en primer ministro. La imbecilidad es lo propio de la modernidad porque con las potencialidades expresivas que ofrece el mundo actual el estúpido se pone más fácilmente de manifiesto que en cualquier otra época más recogida y silenciosa.

A estas alturas resultará obvio que la imbecilidad, que constituye el bajo continuo del ser humano de la misma manera que la inteligencia es su cima emergida y esporádica, salta a la palestra con una evidencia completamente nueva. Del 10 de junio de 1940 conservamos el texto de Mussolini –expresión de supina estupidez– en el que su exaltación llega al extremo de precisar que declara la guerra a Francia y a Inglaterra, pero no a Suiza ni a Turquía[19], así como la imagen de la imbecilidad masiva de sus partidarios en Piazza Venezia. Hoy tendríamos millones de *posts* y de tuits (¿imbecilidad de masa o de élite?, vaya a saber), agravados acaso por el hecho de que, en lo que a imbéciles se refiere, Mussolini lo era mucho menos que muchos de sus seguidores. «Eso eres tú», una vez más. La imbecilidad hiperdocumentada tiene un valor filosófico primordial, no precisamente en el sentido del *thaumazein* pasmado, sino de la búsqueda de la sabiduría, porque torna radicalmente imposible hacerse ilusiones sobre la especie humana y, concretamente, sobre cada uno de nosotros, ilusiones en las que se basaban los programas de palingenesia social, cuyo absoluto fracaso se debe justamente a que partían de la premisa de que la humanidad es mejor de lo que es en realidad.

Что делать?

O, en palabras sencillas, ¿qué hacer? Para ayudar a la humanidad, para que cada uno de nosotros mejore, es preciso partir de la cuestión inversa, la del predominio de Genny 'a carogna, y la manera adecuada de afrontar el tema no es reírse ni llorar o aborrecer, sino, como sugería Spinoza, comprender (en la medida en que eso esté al alcance de los imbéciles). La mejor actitud a este respecto es la del cristiano Manzoni, que en *Los novios* decide contar la vida de los humildes en lugar de la de los barones, pero sin ocultar cuán imbéciles pueden ser esos humildes, individual y más aún colectivamente, como en el fragmento sobre el desorden de la panadería: «En realidad, la destrucción de los cedazos y las artesas, la devastación de los hornos y el barullo de los panaderos no son la mejor manera de dar vida al pan; pero esta es una de las sutilezas metafísicas a las que una multitud no accede». ¿Y qué decir del momento en que llega Ferrer y *todos* se ponen de puntillas para verlo, con lo que quedan en las mismas condiciones que antes?[20]. Afortunadamente, Manzoni no escribía en el fulgor de la posmodernidad, pues en ese caso algún imbécil (posiblemente de buena fe) habría visto en estas consideraciones realistas la marca de un espíritu ultrarreaccionario.

No es inteligente, pero no son pocos quienes piensan que el realismo excluye la utopía y que consiste en la aceptación de la realidad. Por supuesto que no es así. Ser realista significa querer conocer el mundo como es para poder cambiarlo y acercarlo lo máximo posible a las utopías y a los deseos. No parece haber otro modo de cambiarlo. Conocer las fricciones de la realidad, la dificultad de las transformaciones y, sobre todo, la estrepitosa imbecilidad humana es la única manera de poder transformar el mundo. En cambio, decir *Yes, we can* es un modo de quedar con la conciencia tranquila, o, mejor, de convencer a los demás de algo de lo que nosotros mismos no estamos convencidos. Es en este punto donde la imbecilidad tiene mucho que enseñarnos.

El peor utopista, el que se limita a engañar, es en realidad el que proclama: 1) que el hombre nace libre; 2) que se halla por doquier encadenado; 3) que no sabe cómo ha ocurrido tal cosa[21]. Tales afirmaciones bastan para calificar a un hombre, y sin embargo han sido tesis extraordinariamente bien aceptadas por el pensamiento político de los dos últimos siglos, pero que –precioso ejemplo de dialéctica de la imbecilidad– han alimentado espectros extremadamente productivos. De Maistre tenía muchísima razón cuando definía esta sentencia de Rousseau como una «rapsodia sonora»[22] que se ha seguido oyendo cada vez que se tratara de agregar un eslabón más, el de la imbecilidad, a la cadena que lastra a la condición humana. El aspecto decisivo al que este último no parece prestar atención –la mancha ciega del inconsciente que considera la imbecilidad una excepción– es que entre él y el pensador negativo, para el que la imbecilidad es la regla de lo humano, hay una relación asimétrica. El primero no duda de que lo positivo está siempre potencialmente al alcance de la mano, de que basta con quererlo. El segundo es consciente de que, si bien es posible hacer algo, y a menudo muchísimo, a título individual pero sobre todo colectivo, contra lo negativo, lo positivo es siempre esencialmente un don, una gracia.

¿Por qué el hombre habría de nacer libre? Y ¿cómo se explica que al nacimiento libre le haya sucedido siempre una existencia encadenada? Es evidente lo contrario, que el hombre nace esclavo, débil, insuficiente y dependiente, sometido e imperfecto. En resumen, nace imbécil. Puede no ser agradable, pero la imbecilidad masiva, la estupidez hiperdocumentada, es ya un fenómeno reconocido, y en el fondo la primera revelación de nuestra época. Pero esta documentación, además de contribuir a la autoconciencia de grupos humanos más o menos extensos, ayuda también a realizar comparaciones, en particular con la imbecilidad de élite, esto es, con una imbecilidad más escogida, más rara, más aguda; en una palabra, más imbécil.

2. Imbecilidad de élite

Ataques de imbecilidad

El ascendiente de Genny 'a carogna no es un argumento a favor de una quimérica inteligencia de élite, ni la confirmación de una dicotomía muy difundida entre quienes han escrito sobre la imbecilidad, según la cual están de un lado el vulgo, sometido a la influencia de todo tipo de ilusiones y tonterías, ya sea por motivos de género («Aprite un po' quegli occhi uomini incauti e sciocchi»)*, de cultura («¡Sal de la infancia, amigo, despierta!»)** o de naturaleza («Y los hombres amaron más las tinieblas que la luz»)***, y del otro lado los ilustrados, los inmunes, los indemnes. Por supuesto que no es así. En *Elogio del*

* Aria de *Las bodas de Fígaro,* de Mozart («¡Abrid los ojos, hombres ingenuos, tontos!»). *(N. del T.)*
** Rousseau, *La nueva Eloísa,* V, 1. *(N. del T.)*
*** Juan, 3.19. *(N. del T.)*

asno, Giordano Bruno se burla de la «santa necedad, la santa ignorancia, la santa estulticia y la pía devoción, lo único capaz de producir almas tan buenas que el ingenio y el estudio humanos no pueden superar», pero esa invectiva sobre la estupidez de las masas no impide opinar que es la ingenuidad, por decir poco, lo que le lleva a terminar asado[1] (de acuerdo con la definición de Gadda). Por lo demás, que las relaciones con la Inquisición requerían un poco más de inteligencia queda demostrado por Tommaso Campanella, quien se salvó de la hoguera con un argumento que es en sí mismo un juicio –indirecto y sin mala intención– sobre el asado de marras: «¿Creían que era yo un idiota, que quería hablar?»[2].

Además de Rousseau, con el Asado y Tales, que cayó en un pozo, ya tenemos tres, pero distan mucho de ser los únicos. ¿Qué decir de personajes como Nietzsche, el enfermísimo y tímido Superhombre, o de Pirrón, escéptico que dudaba a tal punto de la existencia del mundo externo que no movió un dedo para socorrer a un discípulo que terminó muriendo en unas arenas movedizas. ¿Cómo? ¿Aprender algo de estos gilipollas? Sí, en el sentido en que errando uno aprende, o aprenden otros. Si Musil distingue dos tipos de imbecilidad *(Dummheit),* la simple y la pretenciosa[3], por mi parte sugiero que la auténtica es la segunda, pues lo típico del imbécil es sentirse más listo que los demás. Además, la imbecilidad es una cuestión de revelación, y cuanto más se ponga uno de manifiesto, más posibilidades tiene de revelarse imbécil.

Proust ha observado con razón que Cottard, magnífico médico, es un imbécil en cualquier otro aspecto de la vida, y que, a la inversa (con resultados desastrosos),

Boulbon, hombre de genio, es un imbécil como médico. Aparte de ser selectiva, la imbecilidad es eventual. La psicología ha reflexionado sobre los ataques de estupidez *(strokes of stupidity)*, simétricos e inversos a los ataques de genialidad, y no necesariamente exclusivos de los menos inteligentes. De la misma manera en que un hombre común, o incluso un imbécil, puede tener un golpe de genialidad, un genio puede ser víctima de un ataque de imbecilidad, como el que llevó a Benjamin a suicidarse porque el alcalde no lo dejaba pasar a España, cuando, de haber esperado un día, se lo habría permitido. ¿Qué, por otra parte, sino un ataque de estupidez podría haber inducido al autor de la *Crítica de la razón pura* a escribir un cartel con la orden «olvidar a Lampe» con el fin de ayudarse a olvidar a un sirviente que le era caro pero a quien en cierto momento había decidido despedir por sospecha de deshonestidad? Y, volviendo a uno de nuestros autores predilectos, ¿hay mayor imbecilidad que las cartas que Nietzsche envía a su madre en el otoño de 1888, cartas que, bien mirado, no indican locura, todavía no, sino únicamente una inmensa y cándida imbecilidad? Véase esta, del 21 de diciembre:

> Mira, he aquí la obra maestra: sin fama, sin estatus ni riqueza, todos me tratan como un pequeño príncipe, incluso mi frutera, que no se queda tranquila hasta haberme encontrado los racimos más dulces de uva, que ahora está a 28 céntimos la libra.

La doctrina heideggeriana de la verdad como desocultamiento, como mostrarse a la luz, tiene en esta circunstancia una aplicación particularmente pertinente; en efecto, se trata de una forma de emergencia, una manifestación, una observación y un acontecimiento. También en este caso la conceptualización heideggeriana puede acudir en nuestra ayuda: la imbecilidad es un *Ereignis*. Se da, como un don o un golpe bien asestado[4]. Tanto en la vida como en la obra, un autor es víctima de ataques de imbecilidad, a menudo más frecuentes que los golpes de genialidad que le procuran un lugar en la historia, los de sueño que inflige al lector o los que sufre a manos del editor, como Albert Camus, fallecido en un coche junto a Michel Gallimard. Y de la misma manera que todos los fenómenos eventuales, también los ataques de estupidez, como sucede con los golpes de tos, son causa de otros ataques de estupidez por imitación, simpatía o contagio, con lo que cumplen una función estimulante, pero también una de revelación, como un escáner o un papel de tornasol.

De inmediato se extrae la enseñanza. La imbecilidad asegura el bajo continuo de la existencia humana, tanto en las élites intelectuales como en las masas. Las imbecilidades intelectuales suelen estar mejor documentadas, porque hasta no hace mucho eran las únicas que accedían al texto escrito y por esa vía a la memoria de largo alcance. Sin embargo, como hemos visto, hoy las cosas están cambiando y podemos tener la certeza de que en unos cuantos decenios los archivos estarán repletos de imbecilidades de las masas, que harán compañía a las de la élite. Sin embargo, la imbecilidad de la élite (la que se manifiesta, por ejemplo, en esos «centros de excelencia» que han florecido en una universidad hace años devastada) parece todavía más aguda, más excelente –en resumen, más escogida y elitista– que la imbecilidad de las masas. Eso se debe a dos razones, contradictorias solo en apariencia.

Venerados maestros

Por una parte están las expectativas demasiado elevadas que producen desilusión. Tomaré el caso de los filósofos, con quienes tengo más familiaridad, pero no hay ninguna élite inmune a ellas. ¿Qué son si no el consejo de María Antonieta de comer brioches en lugar de pan, la instalación de D'Annunzio de la nave *Puglia* en el jardín de su casa o este comentario del coronel Crealock cuando se enteró de que 20.000 zulúes estaban atacando el campamento inglés en Isandlwana: «How very amusing! Actually attacking our camp! Most amusing?». Aunque es normal creer que los filósofos son más sabios e inteligentes que los profesionales de otras especialidades, no quedan sin embargo exentos de la regla general de la imbecilidad de élite. Las biografías de filósofos que dejó Diógenes Laercio, el relato de la muerte de Sócrates, las últimas palabras de Kant y de Wittgenstein, las autobiografías de Agustín, Rousseau y Nietzsche atraen al lector con efectos de clímax (qué hombre extraordinario, mira con qué dignidad muere) y de anticlímax (qué cerdo, qué demente, qué loco) que, en conjunto, producen un efecto tranquilizante, pues, por oscuras que sean las doctrinas, la vida es incluso demasiado clara y termina por abatirlos más o menos estrepitosamente, incluso con consecuencias políticas si los Maestros son ancianos y alemanes.

¿Por qué asombrarse? La diversidad de órganos, enmiendas del intelecto, guías para orientar el ingenio, medicinas de la mente, críticas de la razón pura y otras formas de análisis y crítica que han caracterizado la historia de la filosofía demuestra que el uso inteligente del intelecto es mínimo. La mayor parte de las veces se lo emplea de modo estúpido, incluso entre quienes se supone –en última instancia por puro equívoco– que deben ser más inteligentes que los demás, esto es (como suele decirse con una expresión harto inmodesta), los *maîtres à penser*. A menudo estos *maîtres* solo nos hacen recordar a otro, Aimé, el tierno imbécil del gran hotel de Balbec, que confunde sistemáticamente las expresiones más usuales de la lengua francesa, pero por lo menos le desvela al Narrador duras verdades (en este caso, que es cornudo).

Por tanto, todo relato de vida intelectual, es decir, de potencial imbecilidad de élite, entraña para el lector un doble beneficio. El primero es la pérdida de aura, bien porque el hombre sublime revela un trasfondo aberrante, bien porque no tiene cuidado de disimular aspectos que, con un mínimo de reflexión, resultan deplorables. Como, por ejemplo, cuando Rousseau sostiene que el amor a la madre nunca encuentra sustituto y deja a sus hijos abandonados en la inclusa, o cuando Nietzsche proclama, con toda seriedad y hablando de una habitación de alquiler de la cuarta planta de una casa turinesa, que es un acontecimiento de la historia mundial[5].

Además del efecto del gran hombre (y gran espíritu) en paños menores, capaz de burlarse inofensivamente de la élite intelectual pretendidamente inteligente, tenemos, como ya he sugerido, un segundo gran efecto liberador, el contraste entre la abstracción de las doctrinas y el carácter concreto, incluso carnal, de la vida. ¿Qué son los *mixed modes?* No es fácil explicarlo en dos palabras. Pero qué nexo podría haber entre Locke y una antecesora de Linda Lovelace (hecho histórico) es algo que comprenden hasta los menos preparados. ¿Qué es la querella de los universales? Se trata de otra cuestión de difícil respuesta. Pero la castración de Abelardo es un acontecimiento comprensible incluso para quienes jamás hayan abierto un libro de filosofía. Tampoco es necesario mucho estudio ni inclinación particular a sutilezas y argucias para captar las extravagancias de la relación entre Sartre y Simone de Beauvoir, o, sin cambiar de época ni de lugar, para concluir que Althusser estaba loco cuando estranguló a su mujer.

De la miel a las cenizas, del altar al polvo. Primero se dice que el hombre al que nos estamos refiriendo es sublime y luego se lo representa absorto en el juego de rasca y gana o embriagándose con Biancosarti. La ocurrencia de llamar a Bruno Bauer y Max Stirner «san Bruno» y «san Max» en *La ideología alemana* de Marx y Engels no solo tenía que ver con la acusación de espiritualismo dirigida a esos pensadores, sino también con el hecho de que es mucho más efectivo mostrar las debilidades, mentales en este caso, de un santo. Así, pues, el clímax crea el sustantivo: el Maestro. El anticlímax, en cambio, dormita en el adjetivo potencialmente burlón, «venerado», en el que resuena este famoso dicho de Arbasino: «En Italia hay un momento endemoniado en el que se pasa de la categoría de "bella promesa" a la de "vulgar capullo". Son pocos los afortunados a quienes la edad concede el acceso a la dignidad de "venerado maestro"». Por tanto, como se ve, el mal viene de arriba. De no haberse dado el Clímax de la Bella Promesa, habría sido impensable el Anticlímax del Vulgar Capullo. Con mayor razón, de no haber habido Venerado Maestro, habría sido impracticable el retroceso construido sobre la base del bien lubricado mecanismo de «*El acorazado Kotiomkin* es una ridícula cagada»*.

La culpa, por tanto, no es solo de los maestros (responsables, por cierto, de su pensamiento, sus palabras y sus obras, lo que no es poco), sino también de los discípulos e incluso del Sistema. Es evidente que si, como es norma en todos los actos culturales de los últimos años, la conferencia de un profesor se conoce como *Lectio Magistralis,* la caída tras la apoteosis podrá ser terrible, y la tentación de la burla, irresistible. Todo esto sin olvidar el principio, relativista pero cierto, según el cual el Venerado Maestro para uno puede ser para otro un Vulgar Capullo; ambos pueden ser a su vez genios o idiotas, y todos y cada uno pueden aspirar a una cuarta categoría, tristemente extendida y que Arbasino no tuvo en cuenta: el Capullo Viejo[6].

* Alusión a la sincera reacción al film (caricatura de la célebre obra de Einsenstein) pronunciada por el protagonista de la película cómica *Il secondo tragico Fantozzi* como sátira del esnobismo intelectual. *(N. del E.)*

El imbécil de los Prealpes

Por otra parte, al otro lado de la dialéctica la desilusión no es suficiente, y se requiere algo sólido, algo que nunca falta en el Venerado Maestro: si la ocasión hace al ladrón, la ambición hace al tonto. Es como si el *Streben,* la tensión hacia la inteligencia, se mostrara como una de las formas más poderosas de imbecilidad, que, otra vez, exhiben más bien las élites que las masas. Con razón decía Pascal[7] que el hombre no es ni ángel ni bestia, y agregaba que si quiere hacerse el ángel, por ejemplo escribiendo pensamientos sublimes, hace en realidad de bestia, esto es, diremos nosotros, se comporta como un imbécil, que es lo que ocurre con el reincidente Zaratustra, que en un determinado momento se descuelga con una de las afirmaciones más estúpidas de la literatura mundial: «El atardecer ha llegado: ¡perdonadme que el atardecer haya llegado!»[8]. Sí, perdonadme que el atardecer haya llegado, y que la imbecilidad sea una cosa seria, pero seria de verdad.

Tomad a Heidegger. Pocos pensadores se han dedicado a edificar una imagen más demiúrgica y cuasi metalúrgica de su actividad espiritual: tormentos, éxtasis, rayos especulativos ya sea en la Hütte de Todtnauberg, ya de excursión en Grecia, cuadernos negros con anotaciones de iluminaciones y ofuscaciones, cajitas de zinc para preservarlos de los bombardeos estadounidenses y de la barbarie bolchevique, así como ocurrencias de opereta. «La experiencia fundante de un amor vivo y de una fe auténtica llevó mi ser a desarrollarse y crecer. Eso actuó de una manera creadora en mi mente, los comportamientos del trabajo interior, que al comienzo solo aspiraban a *retornar* a la originalidad espiritual, manaron *del* origen», escribía Heidegger a su mujer Elfride, la cual luego anotaba en el reverso: «De una carta de Martin de 1918, modelo de todas las cartas de amor enviadas a las muchas "amantes"»[9]. El monumento, construido parcialmente de buena fe (creo), le ha procurado muchos admiradores (entre ellos, filósofos de extraordinaria grandeza y enorme inteligencia), pero, como es obvio, ha tejido una telaraña de autoelogios, frases desgraciadas, atuendos erróneos y acciones personales y políticas reprobables como para llevarle a traspasar la sutil línea roja que distingue al Venerado Maestro del Capullo Viejo y dar lugar a que los lectores incluso menos prejuiciados se pregunten: ¿y si hubiese sido un imbécil?

> No consigo verlo de otra manera que sentado en un banco frente a su casa de la Selva Negra –escribe Thomas Bernhard en una severa pero justa invectiva–, y junto a él veo a su mujer, que le hacía todos los calcetines de punto, le tejía al croché todos los gorros y le confeccionaba personalmente hasta las sandalias. Heidegger era una mente embebida de *kitsch,* decía Reger. Un imbécil de los Prealpes [*Voralpenschwachdenker,* literalmente, 'el pensador débil de los Prealpes'], un rumiante de la filosofía, una vaca de la filosofía permanentemente preñada, que pastaba en los prados de la filosofía alemana y que durante décadas dejó caer su ampuloso estiércol en la Selva Negra. He visto una serie de fotografías de Heidegger con aquel aire tan suyo de grueso oficial del Estado Mayor jubilado que siempre ha tenido, agregaba Reger. En esas fotografías Heidegger se levanta de la cama, vuelve a

acostarse, duerme, se despierta, se pone los pantalones, bebe un sorbo de mosto, sale de la casa y contempla el horizonte, talla el bastón, se pone el gorro, se quita el gorro, tiene el gorro en la mano, estira las piernas, levanta la cabeza, inclina la cabeza, pone su mano derecha en la izquierda de su mujer, su mujer pone la mano izquierda en la derecha de él, camina delante de la casa, camina detrás de la casa, se dirige hacia la casa, se aleja de la casa, lee, come, toma una cucharada de sopa, corta una rodaja de pan (hecho en casa), abre un libro (escrito en casa), cierra un libro (escrito en casa), se inclina, se estira, y así sucesivamente, decía Reger. Si ya los wagnerianos son insoportables, imaginad los heideggerianos, decía Reger[10].

Para disipar la sospecha de que la actitud negativa de Reger podría estar inspirada en una mala disposición analítica respecto del filósofo continental por excelencia, quisiera dejar constancia de que un patriarca de la filosofía analítica como Wittgenstein ha sido más de una vez víctima de graves ataques de imbecilidad. Además de maltratar a los niños de la escuela primara de la Baja Austria, maltrató a los estudiantes de Cambridge al admitirlos en su seminario con modos de vigilante de seguridad de una discoteca («tú sí; tú no»), amenazó a Popper con un atizador, estropeó las vacaciones de más de una persona[11], comprometió el futuro de un prometedor obrero graduado en filosofía convenciéndolo de que retornara a la minería y, en el plano especulativo, se perdió a menudo en penosas reflexiones que no conducían a nada.

El ser y el acontecimiento

Tenemos, por tanto, el ser, la persona, el genio. Y luego el acontecimiento, el golpe de imbecilidad que lo ataca en el momento más importante, por la espalda, como un acceso maligno, pero al mismo tiempo como una revelación de lo más profundo, cuyo ejemplo más notable es el *Examen de la philosophie de Bacon,* edición póstuma realizada en París y Lyon en 1836 en dos tomos con un total de setecientas páginas. Su autor, el conde Joseph de Maistre (ya nos hemos referido a él como crítico de Rousseau), nació en Chambéry en 1753 y murió en Turín en 1821, tras una vida de servicio en la casa de Saboya con su punto culminante en los años 1802-1817, cuando fue embajador del rey de Cerdeña en la corte del zar. Enemigo de la Revolución, enemigo de Napoleón, enemigo incluso de la Santa Alianza, que le parecía asociada a un universalismo cristiano al que, en *Du Pape,* de 1819, oponía un universalismo católico exaltado, no parece la persona más indicada para razonar sobre cuestiones científicas. No obstante, De Maistre tiene el mérito de revelar que el dedicatario de la *Crítica de la razón pura* fue víctima de sucesivos ataques de estupidez.

En efecto, en el frente experimental, el hombre al que los enciclopedistas veneraron como inventor de la nueva ciencia se plantea cuestiones como mínimo originales; por ejemplo, si el aire es por naturaleza caliente o frío («es una pregunta de aquellas que bastan para juzgar a un hombre»)[12], y propone poner esto a prueba metiendo aire en una olla, envolviendo bien esta con cuero y abriéndola después de tres o cuatro días por debajo

(«¿por qué no por arriba?»)[13] para comprobar la temperatura natural del aire con una mano o con un termómetro. Después de la invención del aire a temperatura ambiente, Bacon decide pesar una vejiga primero llena y luego vacía y, al observar que el peso de la vejiga no varía, concluye que el aire no pesa.

Nos encontramos con hechos inciertos y experiencias insensatas, como que el cristal de roca es agua congelada desde hace siglos y que, «sin esperanza de calor, decide no descongelarse nunca más»[14]. Es una respuesta extraña, sin duda, pero considérese esta pregunta: «¿Por qué los animales terrestres son en general más grandes que las aves? (Buena pregunta, como se ve, exactamente igual que esta otra: ¿por qué los caballos son más grandes que los perros?)»[15]. Bacon se pregunta también por qué los perros son los únicos animales que parecen experimentar placer con los malos olores, y responde que hay en su olfato algo de lo que carece el de los otros animales (y la salamandra apaga el fuego porque está dotada de una *facultad extintiva);* se pregunta además por qué motivo las deyecciones de los animales exhalan olores desagradables, y llega a la conclusión de que se debe a una suerte de tristeza física que experimentan al quedar fuera del cuerpo; sostiene que las flechas con punta de madera penetran mejor en los blancos de madera que las flechas con punta de hierro por una «afinidad entre madera y madera».

Suma y sigue. La causa del frío es la falta de calor, las lágrimas dependen del cerebro estrujado por el dolor, los sudores son curativos porque expulsan las materias morbosas del cuerpo, excepto en la pulmonía. Los ataques de imbecilidad son tan enciclopédicos como su autor: en la *Historia de Enrique VII,* Bacon sostiene, por ejemplo, que el rey asiste a la celebración de las fiestas de Navidad el 27 de diciembre («hay miles de pruebas de que a menudo escribía por mero hábito mecánico y para ejercitar los dedos»)[16]. Igualmente, las *Magnalia naturae* que encabezan la *Sylva sylvarum* (y sobre las que el traductor francés tiende un piadoso velo, omitiéndolas) atribuyen a la investigación científica objetivos, por decirlo suavemente, estrafalarios, que recuerdan, más que a ninguna otra cosa, a la enciclopedia china de Borges: hacer vivir a un hombre tres o cuatro siglos, inventar purgas con gusto a melocotón o a piña, transformar un enano en gigante y un gigante en enano, inventar nuevos venenos, mover el propio cuerpo o el de otros únicamente con la fuerza de la imaginación, provocar la descomposición de un elefante en diez minutos, transformar en aceite el agua de las fuentes, hacer con las hojas de los árboles ensaladas que no tengan nada que envidiar a la lechuga romana, inventar nuevos hilos para los sastres y medios físicos para leer el futuro, inventar los mayores placeres para todos los sentidos («Ah! Monsieur le chancelier, à quoi pensez-vous?»)[17].

Peor aún, se advierte la aspiración a metodizar los ataques de imbecilidad:

> «He inventado un instrumento –nos dice Bacon con frecuencia– del que otros se beneficiarán.» Locura del orgullo, ¡nada más! Este instrumento es inviable, y Bacon no ha inventado ni hecho inventar nada. Ningún hombre de genio, ningún inventor de las artes o de las ciencias le ha prestado atención[18].

Ningún inventor, por cierto; pero entre los metodólogos, en cambio, no es difícil encontrar una legión de imitadores para todos los cuales es válida la censura que De Maistre dirige a un baconiano del siglo XVIII, Condillac. Hela aquí:

> Es un verdadero fenómeno de nuestra era. A fuerza de descaro y de perseverancia ha llegado no a creer (lo que parece imposible), sino a hacer creer que su *análisis* era una verdadera ciencia nueva, una ciencia autónoma, absolutamente desconocida antes de él. Imperceptiblemente llegó a decir *mi análisis, mis análisis,* como si dijera mi caballo o mi casa[19].

¿Puede el método producir legiones de imbéciles? Es claro que sí. La técnica ama lo fortuito, como por ejemplo el golpe de imbecilidad improvisado e imprevisto; pero lo fortuito ama la técnica, y el método garantiza regularidad, constancia, eficacia. Y se diría que la filosofía moderna, tal como la veía De Maistre, consiste en buena parte en el intento de crear una imbecilidad metódica.

Pero en *Las veladas de San Petersburgo* no tuvo Locke en absoluto mejor suerte que Bacon y su mono. «En el estudio de la filosofía, el desprecio por Locke es el comienzo de la sabiduría»[20].

> Tal vez sea Locke el único autor conocido que se haya tomado el trabajo de rebatir su propio libro por completo y declararlo inútil, desde la primera palabra, al decir que «todas nuestras ideas provienen de los sentidos o de la reflexión». ¿Quién ha negado jamás que algunas de nuestras ideas provienen de los sentidos, y qué es lo que Locke pretende enseñarnos? Dado

que la cantidad de percepciones simples es irrelevante en comparación con las innumerables combinaciones del pensamiento, queda demostrado, desde el primer capítulo del segundo libro, que la inmensa mayoría de nuestras ideas no proviene de los sentidos. Pero entonces, ¿de dónde proviene? La pregunta es inquietante, y a esto se debe que los discípulos, temiendo las consecuencias, no volvieran a hablar de reflexión, lo que es bastante prudente[21].

Locke es quien sostiene que una idea clara es un objeto que el espíritu humano tiene ante los ojos («¿Ante los ojos? Imaginad, si podéis, algo más burdo»)[22], y que la solidez es «lo que impide que se toquen dos cuerpos que se mueven uno hacia el otro». De Maistre comenta: «Quien ha juzgado siempre a Locke sobe la base de su reputación no termina de dar crédito a sus ojos y sus oídos»[23]. Fue el primer filósofo en decir «no defináis» y que, a pesar de ello (acabamos de verlo), no perdió un instante para definir «y para hacerlo de una manera que supera todos los límites del ridículo»[24]. Él es quien se entrega a inútiles y ambiguos experimentos mentales: «Un hombre adormecido es trasportado por su amante; o, como dice Locke con la elegante precisión que lo caracteriza, a una habitación en la que hay una persona con la que se muere de ganas de divertirse»[25].

Y es también él quien provoca la ironía de Coste, su traductor francés, que le pregunta por qué, si los animales no tienen ideas innatas, los pollos tiene miedo a los gavilanes; Locke, molesto, responde que no ha escrito su ensayo para explicar el comportamiento de los animales, y Coste, indulgente e irónico, responde: «La respuesta no podría ser mejor, como lo demuestra claramente el título del libro, que no es *Ensayo sobre el entendimiento de los animales*»[26]. Además, De Maistre sospecha, y es difícil contradecirle, que el *Essay* es uno de los libros menos leídos del mundo, y afirma que una de sus grandes curiosidades, desgraciadamente destinada a permanecer insatisfecha, consiste en saber cuántas personas lo han leído en París[27]. Más adelante De Maistre recuerda que Jean Le Clerc había escrito bajo el retrato de Locke estas palabras: *Lockius humanae pingens penetralia mentis Ingenium solus pinxerit ipse suum.* Y comenta: «Tenía razón».

Aceptamos los insultos a Condillac, pero resulta chocante, por decirlo suavemente, que encuentre tanto que decir sobre Bacon y Locke y luego trate de rehabilitar al verdugo («toda grandeza, todo poder, toda subordinación dependen del verdugo, que es el horror y el nexo de las asociaciones humanas. Eliminad del mundo este agente incomprensible y al instante el orden deja su lugar al caos, los tronos se hunden y la sociedad desaparece»), tanto que uno llega a preguntarse, y no sin motivo, si De Maistre era tan inteligente como creía. Sin olvidar que, a juicio del gentilhombre saboyardo, una cierta imbecilidad, en el sentido específico de indiferencia a los valores del conocimiento, es la característica esencial y positiva del católico y su diferencia respecto del protestante. «Con sus razonamientos inútilmente complicados, los protestantes se desesperan por tener razón, sentimiento muy natural en cualquier disidente, pero absolutamente inexplicable en un católico.» Y además, ¿será verdad que Dios muestra su grandeza en la derrota de Napoleón? («Por mi parte, creo que nunca Dios haya dicho más claro y alto a los hombres: SOY YO»). Estas circunstancias dan lugar con toda naturalidad a este interrogante: ¿no sería tal vez De Maistre un imbécil presuntuoso?

Sujetos Supuestos Saber

De la élite, la bola (entiéndase también en el sentido de embuste o fastidio)* vuelve a la masa o, mejor, se instaura una especie de cooperación hermenéutica entre autor y lector, entre maestro y discípulo. ¿Quién es culpable del asesinato de John Lennon? Mark David Chapman, no hay duda. Pero las condiciones ya estaban dadas por el éxito planetario que primero lleva a arrojar sujetadores al escenario; luego a alguien se le ocurre la mala idea de disparar. No son distintas las cosas en medios aparentemente menos perturbados por admiradores. Por ejemplo, Derrida, a mi juicio uno de los filósofos más importantes del siglo pasado, tenía un estilo poderoso y fascinante que, naturalmente, dio lugar a fenómenos de imitación. Es evidente que la culpa de la imitación es de quien imita, pero es indudable que el deseo de ser reconocido comprendía una serie de expectativas, una de las cuales es la confianza en la debilidad humana.

¿Cuál es el nombre no eufemístico de esta debilidad? La respuesta parece banal, pero incluso precisamente quienes deberían estar mejor preparados para darla,

* El autor juega aquí con el doble significado con el que se emplea en italiano la voz *palla,* cuya principal acepción es bola o pelota. *(N. del T.)*

esto es, los psicoanalistas, son a menudo los que más abiertamente se resisten a esta obviedad, al menos en público. No obstante, el mismo Freud, a pesar de declararse partidario del pesimismo antropológico, es un optimista a toda prueba que atribuye a traumas las desgracias de nuestra condición. Pero habría bastado un examen de conciencia, así como un examen de quienes se lamentaban de las divinidades malignas activas en la Historia y en el Inconsciente, para comprender que probablemente el problema era otro. ¿Tanto se necesita para eso?

Reflexionemos: a los imbéciles les va como anillo al dedo la definición que François Mitterrand propinara a un adversario político: «Sabe todo, pero no entiende nada», característica que vuelve a encontrarse en el *Fachidiot* alemán, el hombre normal idiotizado por el saber especializado, pero que recuerda mucho a la reflexión de Zeno Cosini sobre la muerte de su padre: «Recuerdo todo, pero no entiendo nada»[28].

Para comprender, Zeno va al psicoanalista, que es algo que se hacía y aún hoy se hace. Imaginemos que alguien, llamémoslo «Subordinado», decide recurrir a una consulta o una terapia del alma y se dirige a una persona con competencia para ello, es decir, a un Sujeto Supuesto Saber. No sería extraño que, en casa del Sujeto Supuesto Saber, encontrara los restos de una vida desgraciada, un catálogo de todos los errores condensados en aquel hombre que tiene delante. No sería inverosímil que –a menos que estuviera verdaderamente enfermo, de una enfermedad de la que ningún Sujeto Supuesto Saber puede hacerse cargo– se preguntara por qué diablos ha terminado allí y cómo podría escapar. Pero da igual; ahora está allí. Imaginemos que lo que le indujo al encuentro haya sido una discusión con el vecino (si esta escena os parece caricaturesca, imaginaos otra, más profesional: Lacan, en el número 5 de la rue de Lille, en París, en silencio durante toda la sesión y haciendo nudos borromeos mientras el analizando cuenta sus infortunios)[29]. El Subordinado (S) expone la cuestión. El Sujeto Supuesto Saber (SSS) se levanta, coge un libro de la biblioteca, lo abre y lee.

SSS: «Es mejor sufrir la injusticia que cometerla», palabra de Sócrates.

S: Sí, pero usted me ha construido un muro delante de la ventana *et esse est percipi,* palabra de Berkeley.

SSS: «Podía ser un sueño», palabra de Calderón de la Barca que cita Schopenhauer.

S: ¿Le parece?

SSS: Creo que sí.

Esta situación se reproduce en una infinidad de casos e implica un esquema común. Es una dualidad en la que se supone que una parte sabe, mientras que la otra es la débil, la que tiene que aprender y someterse. Raramente se considera que los Sujetos Supuestos Saber (obviamente también más allá de la esfera del tratamiento psicoanalítico, y por supuesto incluyendo a los autores de libros sobre la imbecilidad) podrían ser imbéciles; por el contrario, más bien se elaboran estrategias para justificar la escasa convicción con que son aceptados los juicios y las indicaciones de los Sujetos Supuestos Saber. Por ejemplo, el Sujeto Supuesto Saber dice al Subordinado que su problema es, supongamos, la madre; el Subordinado responde que no le parece que sea así (supongamos que sea huérfano de nacimiento); y el Sujeto Supuesto Saber concluye que precisamente porque el Subordinado niega que el problema sea la madre, esta es verdaderamente el problema en tanto figura de la Falta, y que la negación es una resistencia[30].

La tesis de este juego de la gallina ciega es que el Subordinado y el Sujeto Supuesto Saber son suficientemente inteligentes y que, por tanto, solo por alguna magia o represión el Subordinado resulta incapaz de reconocer la verdad. A veces erróneamente, pero a veces con razón, se descarta la hipótesis de que el Sujeto Supuesto Saber sea un imbécil y que, por tanto, su interpretación sea falsa, o que el Subordinado sea imbécil y que, por tanto, la causa de su resistencia no sea un rechazo inconsciente, sino una simple falta de comprensión, como les sucede a quienes no entienden las bromas.

¿Qué es lo que queda al final de la jornada o de la terapia? Podría ocurrir que el Subordinado supere su litigio con el vecino o cualquier otra cosa. Podría darse que no se cure y que siga mal; en este caso, no ha funcionado. Pero no me oiréis excluir una tercera hipótesis: la de una terapia perversa, por la cual el Subordinado no esperaba del Sujeto Supuesto Saber sabiduría, ni consejo, ni consuelo, sino tan solo la tranquilizadora sensación de que también los que creen saberlo todo, mucho más que los demás o al menos más que él, son unos desgraciados o unos chapuceros cualesquiera, unos pobres diablos en el mejor de los casos; o incluso más tontos que él. Esta es, podríamos decir, la solución populista, que hermana a escritores y pueblo y que nos introduce el tema decisivo de la importancia política de la imbecilidad.

3. La imbecilidad como factor político

«¡Muera la inteligencia! ¡Viva la muerte!»

«¡Muera la inteligencia! ¡Viva la muerte!» es la consigna de la Legión Española que José Millán-Astray y Terreros, comandante de la Legión y luego ministro de Propaganda de Francisco Franco, lanzó el 12 de octubre de 1936 contra el filósofo Miguel de Unamuno, quien lo había definido en el Paraninfo de la Universidad de Salamanca como un «inválido obsesionado con rodearse de muerte y más mutilados»*.

«¡Muera la inteligencia! ¡Viva la muerte!». ¿Es acaso posible imaginar algo más imbécil que el grito de este inválido corporal y espiritual? Es como decir: no solo soy indiferente a los valores del conocimiento («Muerte a la

* Las palabras de Unamuno y las de Millán-Astray, en castellano en el original. *(N. del T.)*

inteligencia»), sino que además, a diferencia del más imbécil de los imbéciles, que al menos aprecia la salud, celebro la muerte. Merece la pena observar que, en una ocasión, otro teórico del ser para la muerte, el imbécil de los Prealpes, calificó su propia adhesión al nazismo de *eine Dummheit,* una estupidez, un golpe de imbecilidad, y describió esta necesidad de la conducta estúpida como una característica imprescindible de los Gigantes del Pensamiento: quien piensa con grandiosidad también yerra grandiosamente: «Wer groß denkt, muss groß irren» (donde el verbo *irren* se asocia al sustantivo *Irre,* que significa anormal, idiota, loco, tonto, insano, demente, en una palabra, «imbécil»).

Muchos años después, otro pensador político prealpino gritará algo sustancialmente similar a «Muera la inteligencia», aquello fisiológicamente inverosímil de «La Liga la tiene dura», con lo que dará lugar a una reflexión necesaria sobre la imbecilidad en política[1], tanto más evidente cuanto más se aleja esta del gabinete del príncipe para invadir los medios de comunicación de masas. Es un fenómeno muy conocido. En la época de Metternich o de Talleyrand, la imbecilidad no tenía representación en política, y pese a que las élites –como acabamos de ver– distaban mucho de ser inmunes a ella, sabemos con certeza de estos dos campeones de la Restauración que eran inteligentísimos, de perspicacia e ingenio poco comunes, así como capaces de rodearse de hombres de valía. Es posible que Friedrich Schlegel, consejero de Metternich, no fuera el más grande pensador de su época, pero era sin duda preferible a los fanáticos de Piazza Venezia.

El auge de la imbecilidad en los años treinta es una circunstancia que con toda razón ha atraído el interés de Kevin Mulligan[2]. Piénsese en el análisis de la tontería* en *La rebelión de las masas* de Ortega y Gasset, de 1930, y en el de la *Dummheit* en Musil, primero en *El hombre sin atributos* (1930 y 1933) y luego en la conferencia *Sobre la estupidez,* de 1937. Pero, previamente, Benda ya había estudiado *La traición de los intelectuales* en un libro así titulado, traición que consiste en la renuncia a los valores de la inteligencia en nombre de los valores de la acción (este libro es de 1927, el mismo año en que, no lo olvidemos, aparece *Ser y tiempo,* libro al que Nicolai Hartmann, en *Problema del ser espiritual,* editado en 1933, acusará de querer superar la inautenticidad por medio del ser para la muerte en lugar de hacerlo a través de la cultura). Las masas no piensan, según Benda. El problema está en que en el caso de las élites, según lo que hemos visto hasta aquí, la situación es más grave aún, pues traicionan los valores de la verdad, la razón y el pensamiento. He aquí precisamente el peligro que acecha al espíritu alemán del que habla Ernst Robert Curtius en *Deutscher Geist in Gefahr,* de 1932, y la estupidez básica de Hitler que analiza Thomas Mann en *Hermano Hitler*. Hasta la *Crisis de las ciencias europeas,* de Husserl, del mismo período.

¿Por qué se produjo en los años treinta una reflexión tan intensa sobre la imbecilidad? Por la conciencia de su valor político, que sería explotado en todas sus posibilidades la década siguiente, aquella en que, no lo olvidemos, el fanatismo, esto es, una forma particularmente

* En castellano en el original. *(N. del T.)*

aguda de estupidez, es llevado a la práctica en la propaganda nazi de acuerdo con el principio, que Hitler enuncia en *Mein Kampf,* según el cual la victoria solo será segura gracias a una *fanatische* (que ha de pronunciarse enfáticamente: fan-na-ti-sche) *Weltanschauung,* acompañada de una sistemática negación de la realidad[3].

«Quel est ce roi des cons?»

Más tarde se comprobaría que las cosas no ocurrieron de esa manera y que únicamente un imbécil podía pensar que para vencer basta con el fanatismo. Cuando, en diciembre de 1944, Céline oye en Sigmaringen a Léon Degrelle pontificar sobre la necesidad y la posibilidad de invertir la suerte de la guerra, ¿qué otra cosa podía decir sino: «Quel est ce roi des cons qui ne fera même pas un beau pendu avec sa gueule de Jean-foutre?»*.

Por encima de las dos categorías aparentemente fundamentales del político, esto es, el amigo y el enemigo, es preciso suponer una instancia trascendental (en el sentido kantiano de la condición de posibilidad y en el escolástico de la transversalidad y la omnipresencia), que no es otra que la diosa imbecilidad, que, mucho más que la astucia de la razón, ejerce su señorío mundano. ¿Qué astucia de la razón pudo haber impulsado a los habitantes de la Isla de Pascua a talar todos los árboles y volver inhabitable su medio? ¿Era o no una imbecilidad la de Va-

* «¿Quién es este rey de los idiotas que ni siquiera sería un buen ahorcado con esa boca de imbécil?» *(N. del T.)*

lente, que quiso atacar a los godos sin esperar que llegaran los refuerzos?[4]. ¿Y qué ha movido a los alemanes reunidos en el palacio de deportes de Berlín a ensalzar entusiasmados la guerra total, es decir, la autodestrucción?[5].

Se ha dicho que se trata de goce[6], pero es un intento heroico de dar sentido al absurdo, y el primero en darse cuenta de ello fue el propio Goebbels, de quien son estas palabras: «¡Esta es la hora de la estupidez! Si le hubiera dicho a aquella gente que se arrojara de la tercera planta del *Columbushaus,* lo habría hecho!»[7]. La misma estupidez que encontramos en quienes –representantes eminentes de lo humano– tras haber aplaudido a Mussolini ultrajaron su cuerpo colgado en Piazzale Loreto. Lo que impropiamente se conoce como la «chusma» o la «canalla» es en general, y más exactamente, una banda de imbéciles, y no se entiende por qué hay que llamarlos de otra manera. Así las cosas, el verdadero instrumento, tanto en sentido positivo como en sentido negativo, de la *technê basilikê,* el arte del palacio y de la política, es la imbecilidad, y si esta afecta también al supuesto depositario del arte, estamos realmente fastidiados.

El asunto nos obliga a volver al imbécil de los Prealpes. También en el ámbito político, la respuesta a la pregunta por si «un filósofo puede ser imbécil» es, sin duda, «yes, he can». Pero, una vez más, ya sea en el palacio de deportes, ya sea lejos de él, tanto espacial como temporalmente, nunca hay imbéciles por sí mismos, sino que es menester un contexto. Efectivamente, ¿cómo se explica que Heidegger haya realizado –como una suerte de *Lili Marleen* especulativa, y sin mover un dedo– la singular operación de llevar a la izquierda posmoderna consignas, términos y conceptos que pertenecían a la visión nazi del mundo? ¿Cómo se explica que el éxito de lo que un contemporáneo, Lévinas, definía como «la filosofía del hitlerismo» haya alcanzado su culminación en la izquierda y no en la derecha, y después de la guerra? Tal vez el primer asombrado habría sido el propio Heidegger. En efecto, parece que en sus últimos años Heidegger confió a un asistente: «Todavía no he sacado los gatos de la bolsa» *(die Katze noch gar nicht aus dem Sack gelassen).* El dicho se asocia a otra expresión mucho más extendida en Alemania: *ich kaufe doch nicht die Katze im Sack,* «no compro, por supuesto, el gato con la bolsa cerrada» (es decir, sin verlo), lo que remite a los tiempos en que se vendía en el mercado gato por liebre. En resumen, «no compro a ciegas».

Podría entenderse la afirmación de Heidegger en el sentido de que la situación no está clara aún, que todavía reserva sorpresas. Y, tal vez, «aún no he vaciado la bolsa». Todo resulta más claro a la luz de los *Cuadernos negros.* Heidegger aún no había vaciado la bolsa, el mundo filosófico había comprado su filosofía con la bolsa cerrada, a ciegas. Habría aquí motivo para la ironía, al modo en que Bernhard lo hace en *El sobrino de Wittgenstein,* cuando los parientes austríacos de Wittgenstein sostienen (nadie es profeta en su tierra) que su pensamiento es un completo engaño y que ha logrado convencer a los ingleses de que es un gran filósofo. Pero en el caso que estamos tratando, la situación sería todavía más perversa de ser cierto (como parece, aunque se carece de testimonios escritos) que Heidegger dio una orden precisa de publicar aquellos cuadernos que contenían afirmaciones antisemitas. ¿Otra memez? ¿O una magnífica befa de sus comentaristas, reducidos, por su parte, a idiotas útiles?

Por ejemplo, ¿por qué es tan grave que «la falta de *Heimat*» pueda convertirse en «un destino mundial», como leemos en la *Carta sobre el humanismo?* Los intérpretes proponen diversas hipótesis sobre el desarraigo, pero hoy la respuesta es mucho más clara. Porque, como sabemos ahora gracias a esa piedra de Rosetta que son los *Cuadernos negros,* eso significaría que los «nómadas semitas» han triunfado. Dado que el *Brief* es una carta dirigida en 1946 a Jean Beaufret y abre el camino a la recuperación posbélica de Heidegger en Francia y en la izquierda, el secreto oculta también una especie de guiño. Efectivamente, Beaufret lo rehabilita y traduce sus textos, que inspirarán a un gran filósofo judío como Derrida y a un gran poeta judío como Celan. Frédéric de Towarnicki, combatiente aliado, fue a Friburgo en 1945 junto con Alain Resnais para brindarle la solidaridad de la cultura en su peor momento político, y Heidegger continuó aludiendo al complot judío.

Es como si leyéramos un libro de Gide. Pero ahora todo es, no digo claro, pero sí comprensible, empezando por la aparentemente absurda decisión de disponer la publicación de estos cuadernos. Estos habrían sido publicados en una época en que, tal vez, el «pensamiento calculador», que Heidegger atribuye esencialmente al judaísmo, había sido sustituido por un «pensar reflexivo». Antes de ese día, la discreción habría sido rigurosa. A la luz de todo esto, es extraña la sensación que produce pensar que Pietro Chiodi, partisano de *Giustizia e Libertà,* intentara traducir *Ser y tiempo,* compitiendo con una prosa que Heidegger concibe como deliberadamente escogida para «observar el silencio en el pensamiento». Realmente una extraña sensación, una siniestra ironía, cuya intensidad aumenta cuando se cae en la cuenta de que, como leemos en los cuadernos, Husserl no había entendido *Ser y tiempo* porque era judío, es decir, no tenía patria, carecía de raíces en la *Heimat* y no estaba casado en la *Hütte.* ¿Era imbécil? ¿O los imbéciles somos nosotros?

Se ha escrito con tremenda e involuntaria comicidad que el de Heidegger es un «antisemitismo metafísico». Es evidente que no tiene más sentido hablar de antisemitismo metafísico en referencia a Heidegger que de antisemitismo aeronáutico en referencia a Göring. En particular, mucho antes de que Heidegger vaciase la bolsa de los *Cuadernos negros,* sus intérpretes se empeñaron en un complicado proceso de desnazificación por muchas vías.

Ante todo, la vía histórico-gramatical, según la cual, si se lo leyera bien, si se lo entendiera y se lo pusiera en contexto, desaparecerían todos los equívocos. Por ejemplo, François Fédier comenta en los *Escritos políticos* de Heidegger el final del discurso del 17 de mayo de 1933 en el que Heidegger dijo: «A nuestro gran conductor, Adolf Hitler, un *Sieg Heil* alemán», con estas palabras, que parecen un chiste de mal gusto: «Todavía hoy, la expresión "Ski Heil" –sin la más mínima connotación política– se emplea entre los esquiadores para desearse un buen descenso»[8]. Esta transformación de *Sieg Heil* en

Ski Heil resulta inquietante, sobre todo si se tiene en cuenta que el *Wink,* el «gesto» o «ademán» con el que el Último Dios anuncia en las *Contribuciones a la filosofía* la posibilidad de «otro comienzo» y de una superación del nihilismo, es –sugieren los malintencionados– un saludo nazi.

Pero también ha habido, y sigue habiendo, por extraño que parezca, una vía místico-alegórica que, al traducir de modo incomprensible la jerga heideggeriana, produce una desnazificación por confusión. Por ejemplo, en pasajes como este:

> *Questo interrogare,* nel quale il nostro popolo aderge il suo geniturale adessere, ossia lo tiene erto per entro la tentazione e fa sì che esso si erga nell'*extraneum* della nobiltà del suo incarico, questo interrogare è *il suo filosofare, la sua filosofia*[9]*.

Con esta hermenéutica, incluso las órdenes de maniobra de un *Sonderkommnando* en el frente oriental podrían convertirse en poemas simbolistas o en recetas de cocina. ¿Y qué decir del *Discurso del rectorado,* cuyo título, que habitualmente se traduce de forma completa e inequívocamente como *La autoafirmación de la universidad alemana,* ha sido retraducido como *La cuadratura en sí misma de la universidad alemana?* Además, en esta última versión encontramos, entre muchos otros, este pasaje, en el que lo

* Damos una traducción aproximada del rebuscado texto italiano: «*Este preguntar,* en el que nuestro pueblo alza el ser de su estirpe, o sea que lo lleva alzado en el interior de la tentación y lo eleva en el *extraneum* de la nobleza de su cometido, este preguntar es *su filosofar, su filosofía*». *(N. del T.)*

único comprensible (si acaso) es el deseo de pelear o, alternativamente, de recortar el presupuesto:

> Únicamente la lucha mantiene abierto el antagonismo e implanta en la totalidad del cuerpo docente y el cuerpo estudiantil el tono a partir del cual la cuadratura autocuadrante de la universidad autoriza a trasformar el decidido encuadramiento sintiente en la auténtica capacidad de hacer cuadrar autónomamente el propio presupuesto.

Como en los *Châtiments* de Hugo, el verdadero castigo que Dios inflige a Napoleón no es el desastre de 1812 ni la derrota de 1815, sino, mucho después, el golpe de Estado de Luis Bonaparte, o sea, la farsa.

Afortunadamente, no todos los filósofos se han comportado como el partisano Martin. En el verano de 1944, Luigi Pareyson, activo en la Resistencia, «para mayor seguridad personal y para la mejor coordinación de la actividad del Partito d'Azione, se muda a Turín, donde vive clandestinamente, refugiado en una fría buhardilla en la calle Re Umberto»[10]. Eran las últimas acciones de una guerra que había estallado el 10 de junio de cuatro años antes, entre banderas y baños de multitudes, todos exaltando al Mierda, como en el *Pasticciaccio*[11] lo llamaba Gadda, a quien debemos esa fundamental reflexión sobre la imbecilidad como factor político que es *Eros e Priapo. Da furore a cenere*. ¿Cómo fue posible aquel entusiasmo? Parece un misterio de la historia. Pero, bien mirado, no es menos difícil entender cómo era posible que en el verano de 1944, mucho antes del aire acondicionado, una buhardilla pudiera estar fría. Realmente, ¿cómo era posible? Tal vez Bacon hubiera encontrado una respuesta ingeniosa a esta segunda pregunta, pero no hay duda de que la primera nos afecta a todos, y más de cerca.

¿Servidumbre voluntaria o ...?

La respuesta al interrogante fundamental debe buscarse en la servidumbre voluntaria –en la que se han concentrado muchos comentaristas no solo antiguos, sino también recientes–[12], dada su plena manifestación en nuestro tiempo, relativamente más libre de necesidades que ningún otro y, por tanto, revelador de algo en lo que antes no se pensaba, o se pensaba poco. Porque si, en el fondo, no hay dudas sobre qué movía a un obrero a ir a la fábrica, está mucho menos claro qué induce a su descendiente a trabajar gratuitamente cargando contenidos en la red social. El proceso viene de lejos[13], pero en este momento el contexto es mucho más claro y, sobre todo, permite captar la dimensión política del problema. Se puede decir que quien acepta todo esto no es víctima de engaño, sino que lo desea con todo su corazón de las tinieblas y con todas las pulsiones de su energía libidinal[14].

La postulación de conceptos como los de ideología o falsa conciencia indica que los seres humanos están suficientemente equipados desde el punto de vista cognitivo como para desarrollar una vida políticamente satisfactoria y que su comportamiento irracional, o contrario a sus intereses, se debe a una pantalla –denominada ideología o falsa conciencia– que los confunde y los engaña de la misma manera que los simulacros proyectados sobre el fondo de la caverna platónica.

Con ese argumento se elimina de raíz esta otra explicación igualmente eficaz, y menos compleja: que los actores de la historia pueden ser imbéciles, y que esa imbecilidad, no una misteriosa ideología ni una fascinante falsa conciencia, es lo que ha impedido políticas más justas y sensatas. En este sentido, el imbécil no es un ser diabólico, ni un agente irracional (en el sentido de incoherencia en la estructura de las preferencias o de incapacidad para seguir un plan dirigido a conseguir un objetivo determinado). Al imbécil no le falta buena voluntad (aun cuando hay formas de imbecilidad que no admiten disculpa) ni una cierta instrumentalidad racional (aunque es obvio que hay planes irrealizables y objetivos inconcebibles, en estado de ceguera cognitiva). No, el imbécil está discretamente equipado, es realmente una cuerda tendida entre la bestia y el superhombre; pero es justamente eso, una cuerda tendida, un estado intermedio, es decir, estúpido.

En resumen, ¿por qué alienados (es decir, cabales, pero extraviados) antes que, simplemente, imbéciles? Se diseña lo que Kant definiría como una «ilusión trascendental» con la que se atribuyen a motivos elevados e imaginarios comportamientos explicables mediante el fenómeno, ya mencionado, por el cual lo característico del ser humano no es la reflexión inteligente, sino la reacción imbécil e inmediata; esto es, la herencia de la caverna y de la sabana.

Dado que esta realidad es difícil de aceptar, se crean instancias misteriosas y animadas –llamadas Capital, Mercado, Europa, Voluntad de la Nación y, hoy, Internacionalidad Colectiva– y se las supone el fundamento de los desastres (o, más raramente, de la felicidad) humanos, y generalmente implicadas en la Alienación del hombre libre de nacimiento. A mí me parece mucho más realista, en cambio, suponer que el hombre nace sometido (basta pensar que puede decidir volver a estarlo pagando a un superior, sea un psicoanalista, un confesor, un preparador atlético o un chef autoritario), y que la historia, antes que historia de la Alienación, de la caída a partir de una condición perfecta, es la historia de la Revelación, esto es, de la manifestación de lo que son realmente los seres humanos, seres sometidos y cognitivamente no demasiado dotados a quienes puede dárseles el ser libres e inteligentes. Para que eso ocurra son necesarias mucha inspiración y aún más transpiración. Sin embargo, el éxito no solo no está garantizado, sino que la mayor parte de las veces ni siquiera se lo desea, porque, recordaba Kant[15], es muy cómodo seguir siendo niños y dejar que otro piense en nuestro lugar, lo cual, al fin y al cabo, si el argumento de la cuerda tendida y el medio estúpido es válido, puede incluso ser el menor de los males.

Como sucede a menudo, en *Dialéctica de la ilustración* Horkheimer y Adorno[16] captan con exactitud (y no sin cierta soberbia) lo contrario de la verdad en el esbozo que cierra el volumen y que se titula «Sobre la génesis de la estupidez». Según esta versión, que, después de todo, es la de Rousseau –una antropología positiva para una dialéctica negativa–, la estupidez es una herida. Así como la antena del caracol, que para Mefistófeles es el símbolo de la inteligencia, siempre puede retirarse para volver a formar un todo unitario con el cuerpo inerte y desprovisto de curiosidad, así también en el ser humano, cuando es negativamente afectado por algo, la perfección se transforma en estupidez. Para el espíritu, frágil en un primer momento, el terror es equiparable a la resistencia que produce la retracción de la antena, condenando así al ser potencialmente perfecto a la imperfección y la imbecilidad.

Si Adorno y Horkheimer fustigan en la ilustración el horror mítico al mito, ¿qué se debería decir de esta reducción de la imbecilidad al incidente, el trauma, la masificación?[17]. ¿Qué debemos pensar de la eliminación preliminar de la hipótesis de la naturaleza esencial de la imbecilidad? Volvemos aquí a la ilusión de Rousseau, la de que el hombre nace curioso como un caracol, fáustico, insaciable, pero luego se empobrece, se vuelve inerte y torpe con la melaza de la cultura popular. Pero, ¿cuándo? «¿Qual puoi bramar felicità più vera / che far d'ostriche scempio infra gli amici?»*. Esta que a Leopardi[18] le parece la bestialidad más loca es poco o nada (mejor aún, es *poco y nada,* así como suena) en relación con lo Innombrable de todo razonamiento político, es decir, la imbecilidad, que, apenas se le concede la ocasión y el voto, lleva con seguro instinto a Hitler al gobierno y, con agradecimiento y visión de futuro, provoca la caída de Churchill. El milagro, el misterio y la autoridad son las dimensiones que más la atraen. Se trata de un fenómeno que, a pesar de la infinidad de testimonios que de él poseemos, nos resulta muy difícil de reconocer y de conceptualizar; en el fondo, muy difícil de admitir.

* «Quién puede anhelar felicidad más verdadera / que un exterminio de ostras entre amigos?» *(N. del T.)*

Hasta en los últimos seminarios de Derrida[19], que están sistemáticamente dedicados a una deconstrucción de las figuras de la bestialidad presentes en la escena política del populismo mediático mundial (leones, simios, chacales, halcones y palomas, lobos y corderos, etc.), falta la expresión más dura de la imbecilidad como factor político, o sea, el pueblo buey. Pero como todos somos real o potencialmente pueblo buey, es preciso elaborar conceptos de autodefensa en relación con el pueblo buey, con la imbecilidad que hay en nosotros, mucho antes que en relación con el rey de la selva. Es difícil enderezar la madera torcida de la humanidad[20], difícil ponerle tutor, por la simple razón de que es imbécil, es decir, constitutivamente privada de báculo, o sea, precisamente, falta de sostén.

¿Es necesario concluir, con George Bernard Shaw en su *The Revolutionist's Handbook,* que el progreso es una simple ilusión?[21]. No. El progreso existe. Por ejemplo, vivimos más tiempo, y las legiones de imbéciles de hoy son mucho menos imbéciles que sus antepasados (aunque, repito, se hacen oír más). Esta es en realidad la cuestión fundamental: olvidemos a Rousseau, el hombre no es un ser caído, sino estructuralmente imperfecto y necesitado. La imbecilidad, la estupidez, son su estado ordinario. La antropología de la imbecilidad desvela el absurdo radical, que no es tanto el de la condición humana como el de la perspectiva de Rousseau, que ha inspirado (con los resultados que están a la vista) todos los planes de palingenesia.

Ex imbecillitate salus

Para los modernos, la alternativa a la sumisión es la revolución. Pero, si damos fe a los testimonios del momento y no a los posteriores, también la revolución fue en general una sucesión de acciones de inexplicable imbecilidad. Un ejemplo de ello es el ataque a la Bastilla y la liberación de los detenidos, que, como sabemos, eran siete en total: Auguste-Claude Tavernier, que había intentado asesinar a Luis XV; el conde Jacques-François Xavier de Whyte de Malleville, loco encarcelado a petición de la familia; el conde Soulages, preso a petición de su padre, probablemente por incesto, y cuatro falsificadores, Jean Lacorrège, Jean Béchade, Jean-Antoine Pujade y Bernard Larroche, que desaparecieron confundiéndose con la multitud.

En referencia a 1848, Flaubert lamenta «una igualdad de brutos, un mismo nivel de cruentas ignominias», de modo tal que «las personas de espíritu se vuelven idiotas para toda la vida»[22]. A mayor abundancia, también la restauración, como se aprecia en la crónica de las iniquidades sanfedistas en perjuicio de los revolucionarios napolitanos de 1799, es capaz de las mismas cruentas ignominias o incluso peores.

> El Pueblo se le echó encima [se habla de Nicola Fiano, oficial comprometido con la República napolitana] y lo desgarró por completo, dejándolo prácticamente en los huesos. La carnívora plebe lo hizo trizas. Probablemente hayan asado y comido casi todo. Solo cocieron el hígado, que comieron en el mismo Mercado de la vil Plebe Sanfedista. A un leproso que se negó a comer lo mataron[23].

Hace falta el coraje de un león para hablar de astucia de la razón. En 1815 Gioacchino Murat, en una torpe restauración de los cien días que poco antes habían terminado de la peor manera posible, desembarca en Pizzo Calabro para provocar una insurrección en el sur, pero es reconocido por los campesinos, entregado a los soldados y fusilado. ¿Se explica este acontecimiento por la inmadurez ideológica de los campesinos, la falsa conciencia de los soldados o la imbecilidad de Murat, de quien, por lo demás, sabemos que había preguntado a un soldado negro de la Martinica si siempre había sido negro y, al recibir una respuesta positiva, lo había exhortado a seguir siéndolo? Las tres explicaciones son válidas y no se contradicen, mientras que dejan en suspenso (por no decir más) las convicciones de Juan Jacobo sobre la dignidad y la excelencia del ser humano. Precisamente sobre la base de esta conciencia[24] es preciso pensar en la acción política y la responsabilidad moral, poniendo particularmente de relieve un problema: el de que tal vez la vía de la emancipación y del rigor racional y moral sea una puerta demasiado estrecha que corre el riesgo de hacer el juego a los conservadores, quienes saben explotar demasiado bien la propensión humana a la sumisión, a la fiesta de la ilusión, es decir, a la imbecilidad.

La afirmación de Margaret Thatcher de que «la sociedad no existe, solo existen los individuos y sus familias», se completa con esta otra: «y muchos de estos individuos son imbéciles». Pero esta sentencia, tan descorazonadora, no explica, como pretendía Thatcher, la superioridad del liberalismo sobre el colectivismo, sino el hecho de que la política depare más desilusiones que satisfacciones.

¿Por qué debería ser de otro modo? Nada de esto es nuevo. Mientras que los progresistas apuestan por la necesitad de emancipación del hombre, los conservadores han insistido siempre en el hecho de que el hombre es una criatura estructuralmente débil, que madura tarde y que nunca sale definitivamente de la infancia. Para los conservadores, lo que la humanidad necesita, mucho antes que determinar libremente su propio destino, es contar con la conducción de la autoridad y permanecer ligada a una «dulce cadena» rebosante de indulgencia y complicidad.

Estos sentimientos no son desinteresados, pues convierten el poder en un padre que ordena, protege y perdona, pero que en el momento oportuno puede ser perdonado. Es lo que ocurre típicamente cuando la máxima evangélica «que arroje la primera piedra quien esté libre de pecado», cuyo sentido es defender al débil víctima del fanatismo, se transforma en justificación del fuerte que se sustrae al juicio de la opinión pública y de las leyes. Se realiza así una desublimación represiva, en la cual la tolerancia ofrecida y requerida es un medio de consenso y de dominio.

¿Hay salida? Por cierto que sí. En efecto, los conservadores cometen el error fatal de no tener en cuenta que la imbecilidad de la masa tiene su contrapartida en la imbecilidad del gobernante: el poder no proviene de Dios, no absolutamente, no siempre; puede ser el resultado de una heterogeneidad de fines que ha llevado al trono a un rey gandul, un Beloveso idiotizado, un payaso, un memo cualquiera.

Ahora bien, no perdamos de vista que lo que más destruye el aura y la unción es el ridículo que desvela la imbecilidad. El círculo mágico de la mistificación, que, como he sugerido en el prólogo, tiene mucho que ver con la sumisión en el Nombre del Padre, puede deshacerse justamente con el reconocimiento de la imbecilidad del gobernante. ¿No es eso lo que sugiere Thomas Mann en *Mario y el mago?* El encantamiento del Caballero Cebolla, o sea, el Emir con fez y penacho, se rompe con la burla de Mario.

4. Dialéctica de la imbecilidad

Les non-dupes errent

Admitamos, pues, que el descubrimiento de que el Líder Máximo es un imbécil pueda tener mayor efecto emancipador que una revolución. Pero ¿será verdad que en el fondo del túnel de la imbecilidad brilla el sol del porvenir? Ciertamente, la imbecilidad garantiza una segura base demográfica. Locos hay pocos; los tontos, en cambio, son muchos, como son muchos los pobres. Si Zavattini sugería que, precisamente por este motivo, es mejor robar a los pobres que a los ricos, se podría, sobre la base de este mismo razonamiento cuantitativo, elaborar una teoría capaz de reciclar la imbecilidad transformándola en energía. De los diamantes no surge nada, mientras que del *bullshit*[1] podrían surgir las flores de la retórica y, con el tiempo, el árbol de la metafísica.

Pero, como hemos visto en el prólogo de este librito, no es tan sencillo, pues de la locura se puede extraer algo, mientras que de la imbecilidad no parece posible conseguir nada, a no ser la humillación de la vanagloria humana: *imbecillitas imbecillitatum et omnia est imbecillitas*. Así, pues, la empresa que nos espera en este capítulo es la más compleja de las alquimias.

John Stuart Mill[2] ha escrito que es mejor ser un Sócrates triste que un imbécil. Agregaba que si el imbécil no está de acuerdo es simplemente porque solo ve un aspecto de la cuestión, o sea, porque es un imbécil. Es difícil no darle la razón, pero no hay que olvidar que también Sócrates (y no únicamente por su ya mencionada dependencia de un demonio suicida) podría resultar imbécil en comparación con una humanidad futura y, posiblemente, mejor. Ahora bien, ¿de dónde viene este mejoramiento sino de los duros golpes que la imbecilidad ha recibido en pleno rostro de lo que presuntuosamente denomina «adversidades de la fortuna»? Contrariamente a la teoría del trauma de Freud o de Adorno, la herida o la desilusión es justamente lo que aleja al ser humano de la imbecilidad que le es consustancial y abre el camino hacia la inteligencia. La imbecilidad, afirmé al comienzo, es indiferencia a los valores cognitivos, pero, a partir de allí, adopta miles de rostros y se presenta como un obstáculo y, al mismo tiempo, dice Derrida, como una *différance* con *a* (neologismo que le costó la censura de su madre, quien lo trató de imbécil por lo que se presenta como un craso error de ortografía), una apuesta constantemente renovada, un entretenimiento y una postergación infinita. El lento y siempre falible alejamiento del estado de imbecilidad connatural a nosotros es la reacción a un trauma, el encuentro con una resistencia y con una existencia, la salida del paraíso, que, bien pensado, es la forma más perfecta de la imbecilidad.

La vertiginosa dialéctica de la imbecilidad es lo que nos ocupará en este capítulo, del que esperamos la *Aufhebung* del imbécil, es decir, en palabras sencillas, una manera de considerarlo como lo que es –un idiota, un *dupe*, diría Lacan– y al mismo tiempo ver en esta *manque à être,* en este defecto constitutivo, un recurso positivo para el progreso de la humanidad. Esta dialéctica buscará dar sentido a la ardua afirmación de Lacan según la cual *Les non-dupes errent*[3], o sea, «los que no son idiotas se equivocan». Es una frase misteriosa que, por un lado, parece hecha para liberar la conciencia de un Sujeto Supuesto Saber («¿Qué quieres de mí? Seré idiota, pero, al fin y al cabo, todos lo somos, y no hay peor idiota que el que pretende no serlo») y, por otro, desvela la profunda ligazón entre Imbecilidad y Autoridad de la que hemos hablado en el capítulo anterior. En efecto, *les non-dupes errent* es homófona de *les noms du pères,* «los nombres de los padres», esto es, que los portadores de la autoridad, los que se creen más listos que los demás, son unos imbéciles. Por tanto, intentemos dar forma a lo que, más que una dialéctica, parece ser una aporía irresoluble.

Por un lado, como hemos visto, imbécil es el hombre en estado natural, *in-baculum* e implume. Y esta es precisamente la imbecilidad humana innata, la bestia viquiana, el perfecto imbécil, tanto más imbécil en la medida en que su deficiencia pone de manifiesto una necesidad innata de ayudas, de asistencia técnica, ya que «siempre el hombre necesita ayuda»[4]. Recordemos lo que en 1755 escribió Voltaire a Rousseau, el Gran Paranoico del Retorno a la Naturaleza, a propósito del *Discurso sobre el origen de la desigualdad entre los hombres:* «He recibido su nuevo libro contra la especie humana y se lo agradezco. Jamás se empleó tanta inteligencia con el fin de definirnos a todos como estúpidos. Al leer su libro dan ganas de andar a cuatro patas». Voltaire proseguía con un elogio de la ciencia y de la técnica observando que «tras perder este hábito hace más de sesenta años, me siento incapaz de retomarlo. Ni puedo darme a la búsqueda de los salvajes de Canadá, porque las enfermedades a las que estoy condenado me imponen la necesidad de un médico europeo».

Por otro lado, parecería que la imbecilidad aqueja al ser humano *también y sobre todo* cuando trata de elevarse por encima del estado de naturaleza, porque entonces o bien se convierte en el necio de Giordano Bruno, sometido y dócil, devoto e indiferente a los más grandes sistemas, o bien, seducido por la voluntad de saber y las tentaciones de la serpiente, trata de evadirse de su condición, de convertirse, por así decirlo, en un imbécil incompleto e infinito, un imbécil en devenir. Ahora bien, aparte de exponerse al riesgo de terminar quemado, no es en absoluto seguro que el imbécil en devenir llegue a algo menos imbécil que la necedad del rebaño, sino que incluso puede llegar a cualquier forma de bestialidad, como las de escribir versos o novelas espantosos, elaborar teorías aberrantes, tratar de curarse solo, perseguir dietas absurdas o escribir libelos y sátiras sobre la imbecilidad. En otras palabras, podría pasar de la condición de perfecto imbécil a la de imbécil imperfecto y, por eso mismo, tanto más profunda y radicalmente imbécil, dadas su infelicidad, su desazón y su ambición desmedida.

¿Qué hacer? Sin duda, prestar atención a la circunstancia de que quien se cree demasiado listo es a menudo más tonto que los demás *(les non-dupes errent),* y que el fundamento místico de la autoridad *(le nom du pêre,* si se quiere) puede ser de una monumental estupidez. Y al mismo tiempo, tomar nota del hecho de que precisamente el intento de huir de la imbecilidad, que gravita como un pecado original sobre la condición humana, es el origen, aunque falible y no exento de riesgos, de la inteligencia, de la civilización, de todo lo bueno que puede haber hecho el ser humano tanto en el espíritu subjetivo (conciencia, autoconciencia y razón: volveremos sobre esto en el epílogo) como en el espíritu objetivo (familia, sociedad civil y estado), e incluso en el espíritu absoluto (arte, religión y filosofía).

La dialéctica de la imbecilidad revela, pues, una historia de daños ciertos y de redención dudosa, *pero siempre posible.* Después de todo, estamos hablando de la caída, y el pecado original es la versión mitológica del predominio del imbécil. Es el equivalente del relato del acontecimiento por el cual el imbécil natural, el Papageno genérico, se convierte en un imbécil artificial (tecnológico y ambicioso), que se prepara para alimentar tanto las legiones de imbéciles de Eco como las diabólicas idioteces de un Bacon o un Heidegger. Al mismo tiempo, sin embargo, estos *non-dupes* han dicho muchísimas cosas inteligentes, respecto de las cuales este es un librito de nada, ya que, como dijo Tomás de Aquino, idiotizado por una visión mística de la que nunca más se recuperó: «Todo lo que he escrito me parece paja en comparación con lo que he visto».

Todo lo que he escrito me parece paja

Henos aquí en el gran instante de la crisis. ¿Puede una persona inteligente ser imbécil? «Yes, he can», como hemos visto y oído hasta la saciedad. ¿Puede un imbécil ser inteligente? «Yes, he can», o, una vez más, «¡absolutamente sí!». En lugar de ocultar los desmanes de la razón y desaprobar los del astuto Ulises, habría sido preferible que Horkheimer y Adorno hubiesen sopesado la poderosa dialéctica por la que la idiotez de los individuos puede transformarse en progreso de la humanidad, aunque solo sea gracias al obvio principio según el cual equivocándose se aprende, o aprenden otros. Habrá alguien que se haya bañado con el ventilador mal apoyado sobre el borde de la bañera o que haya tratado de calentarse un Wiener Schnitzel en el microondas. Pues bien, estas acciones inútiles, fatales o simplemente nocivas han puesto sobre aviso al resto de la humanidad, de la misma manera que la salvación de los mentecatos depende de los mártires que, hace un siglo, terminaron bajo los primeros automóviles, desalentando a los demás.

Pero hay más. La dialéctica de la imbecilidad no se realiza únicamente a través de la acción de soldados desconocidos. Como hemos visto, no solo tres controvertidos titanes del siglo XX, Wittgenstein, Heidegger y Lacan, sino también tres titanes menos discutidos del siglo XIX, Baudelaire, Flaubert y Dostoyevski, fueron tres imbéciles, y no agotan por cierto la lista de un binomio más profundo y radical del que existe entre genio y locura[5].

El primero es un imbécil de vuelta, por así decir, como nos lo cuenta en una página inmortal en la que habla de un «aviso singular» en el que, el 23 de enero de 1862, oyó «el viento del ala de la imbecilidad»[6]. Los pequeños poemas en prosa que constituyen *El Spleen de París,* obra maestra póstuma que, entre sus múltiples ediciones, contó con una de Conard (en 1926), son el fruto de la herida, que no es el ala del torbellino inteligente de la insoportable retórica de Glenn Gould, sino precisamente *le vent de l'aile de l'imbecillité*. Si en *Les Fleurs du mal* estaban enfermas las flores, ahora el que está enfermo es el autor, que ha llegado al límite de la esterilidad, pero conserva la capacidad de atrapar a los magníficos imbéciles en los que se concentra el espíritu francés, o la imbecilidad de Satanás, no solo príncipe de los ángeles. Y luego, siempre en las obras póstumas, en las que proyecta «graciosos retratos de imbéciles», juzga el amor como un malentendido entre imbéciles y fantasea sobre las novias de los editores, que unen «la mayor imbecilidad a la mayor depravación», exhorta al hombre de espíritu a la conversación con imbéciles y la lectura de malos libros. No olvidemos que Baudelaire es autor de esta espeluznante sentencia: «Bella conjura a organizar para el exterminio de la raza judía. Los judíos, bibliotecarios y testigos de la redención»[7]. Se trata de una frase de imbécil que ha dado a su vez lugar a un caso ejemplar de imbecilidad hermenéutica. En efecto, Claude Pichois, el encargado de la edición, comentó el pasaje decretando que es preciso «excluir cualquier antisemitismo», mientras que Benjamin, en el *Passagen-Werk*[8], lo minimizó al considerarlo *gauloiseries*. Sí, claro, *gauloiseries*. Inmediatamente después de la frase sobre el exterminio de los judíos, Baudelaire se lanza, como si nada, a una crítica de los imbéciles burgueses que invocan la moralidad en el arte y que le recuerdan a una «puta de tres al cuarto» que en el Louvre se indignaba ante un desnudo[9]. Seguirán, como hemos visto, las diatribas contra los belgas, quienes a ojos de Baudelaire –que define Bruselas como «la capital de los simios»– parecen reunir las limitaciones de la «puta de tres al cuarto», los «imbéciles de la burguesía» y los «testigos de la redención».

Decíamos que Baudelaire es un imbécil de vuelta. Flaubert, en cambio, como lo demuestra la obra maestra de Sartre *El idiota de la familia*[10], es un imbécil de ida, alguien que nace imbécil y llega a genio a través de la autocorrección, un poco como Demóstenes, que para curarse la tartamudez terminó siendo un gran orador. Y Dostoyevski es un imbécil cíclico, según el ritmo de los ataques de epilepsia, inteligente e imbécil al mismo tiempo, como su Raskólnikov[11]. A los tres se aplica la idea de que es precisamente la herida –el viento del ala de la imbecilidad, el desprecio de tu madre, que te considera un imbécil, o el shock producido por un simulacro de fusilamiento– lo que moviliza al máximo los recursos intelectuales de un ser humano que escribe al límite de su propia demencia y que se vuelve particularmente sensible a la imbecilidad exterior.

Nunca debe subestimarse a la *déesse imbécile:* las páginas que Barthes dedica[12] al estereotipo del escritor de vacaciones, con Gide remontando el río Congo mientras lee a Bossuet, o el escritor que corrige borradores o reordena sus memorias o sus apuntes («Y el que no hace nada lo confiesa como una conducta verdaderamente paradójica, una proeza de vanguardia»), son perfectas y tremendas sobre todo porque no se distinguen del modo en que Barthes se presenta en público. Piénsese en cuando, por ejemplo en *Roland Barthes por Roland Barthes,* se habla del «goce de clasificar» que llena sus vacaciones en el sudeste de Francia, con el agregado de una foto en pantalones cortos y un cigarro entre los dientes. Por un lado, todo esto puede atribuirse a la debilidad humana, a los golpes de imbecilidad que llevaron a un gran editor al firme convencimiento de que «onírico» significa «erótico»[13] y que indujeron a un importante y anciano filósofo alemán a llevar puesto un brazalete de cobre por sus virtudes antirreumáticas[14]. ¿Onírico quiere decir erótico? ¿El cobre cura el reumatismo? *Umbra profunda sumus,* como escribía el Asado. Y sin embargo, es innegable que justamente en alejarse de esa sombra reside el secreto de la civilización, el palo y la zanahoria de la dialéctica de la imbecilidad.

El mono imbécil

El matrimonio Kellog[15], formado por dos psicólogos de buena voluntad que en los años treinta del siglo pasado adoptaron un chimpancé de siete meses, Gua, y lo compararon con su hijo de la misma edad, captó la cuestión de una manera sencilla. El animal-hombre es sustraído a su propia animalidad –cuando eso ocurre– por un trauma que puede consistir incluso en ver a los padres tomar notas sobre su comportamiento. Solo entonces podrá ser objeto de golpes de genio, pero los golpes de imbecilidad, que serán mucho más frecuentes, le recordarán su origen. Repito: en el corazón de la imbecilidad anida una raíz metafísica. Lo que los teólogos y los filósofos han solido imputar al Mal debe atribuirse más bien a otra musa, solo aparentemente menor, que junto con ese otro delicado monstruo que es el Aburrimiento escande la existencia humana y, atención a esto, únicamente la humana. Justamente esta raíz es lo que hemos de afrontar.

Se ha definido al hombre como «el mono desnudo»[16], pero eso, desde el punto de vista conceptual, no es más que poner de relieve una característica llamativa y pintoresca, pero secundaria, del animal insuficiente, en devenir, que necesita la técnica y la historia y que *in itinere* va haciendo desastres. Cuando Nietzsche define con razón al ser humano como el animal aún no fijado *(das nicht festgestellte Tier)*[17] capta con exactitud esta circunstancia. Como escribe Schelling en su afirmación más famosa, «la angustia de la vida arranca al hombre del centro en que fue creado»[18]. A partir de ese momento, el mono no solo se descubre desnudo (que sería lo de menos, cuestión de clima y de hábitos), sino imbécil. A tal punto es esto cierto que en la revelación edénica la hoja de higuera va de la mano del deseo de instrucción. Es justo alabar la conquista de la civilización, pero no se advierte que, por otro lado, esa conquista deriva inexorablemente de defectos. Aunque, al menos en esta cuestión, Rousseau tenía razón, cabe preguntarse por qué nunca ha sacado de ello la conclusión pertinente y comprendido que, puesto que las ciencias y las artes tienen origen precisamente en una insuficiencia, el hombre no es en su estado de naturaleza el ser perfecto que él pretendía que fuese, sino más bien un animal particularmente incompleto y defectuoso. Si se piensa en lo miserable que es el ser humano sin la técnica –una vida breve, débil y violenta–, es inevitable preguntarse por el valor que se necesita para condenarlo a ese estado.

En realidad, nada es más falso (en particular si se piensa en las consecuencias políticas) que la afirmación heideggeriana[19] según la cual solo el hombre tiene un mundo, mientras que el animal es pobre en mundo. En efecto, conocemos muchísimos pobres diablos y pobres imbéciles pobres en mundo, a los que tal vez Heidegger habría calificado de animales aptos para someterse al tratamiento de la agricultura mecanizada, y, en cambio, muchísimos animales perfectamente adaptados a su mundo. Sobre todo, no conocemos un solo animal pobre de espíritu, mientras que, como hemos visto hasta aquí, la pobreza de espíritu parece ser el rasgo constitutivo del ser humano o, mejor aún, el primer paso (sin duda inseguro y cuestionable) hacia la humanización[20]. Si esto es cierto, es preciso invertir así la afirmación del imbécil de los Prealpes: solo el hombre es pobre en mundo, y precisamente por eso se obstina (con éxito variable) en ser configurador de mundo.

De aquí justamente viene la circunstancia que, como hemos visto en el capítulo anterior, ha ocupado a Derrida en su reflexión de despedida del mundo[21], según la cual una bestia nunca podrá cometer una *bêtise* porque esto es una prerrogativa del hombre. La bestia es bestia, no imbécil. Únicamente el hombre puede ser imbécil y, por ejemplo, volverse antisemita. No hay que olvidar que el antisemitismo es una señalada forma de imbecilidad. El hecho de que Baudelaire haya podido escribir a favor del exterminio de la raza judía no carece de relación con su definición de Bruselas como «la capital de los simios». Lo humano del hombre (por ejemplo, el cuidado de la prole) es lo animal y lo animal del hombre es lo humano (Rousseau abandonando a sus hijos en la inclusa, aunque también se los habría dejado olvidados en el coche, suponiendo que hubiese habido automóviles).

En la bestia, nada de *bêtise;* únicamente en el ser humano[22]. La prueba de lo que acabamos de decir es que ni siquiera Dios puede ser imbécil, a menos que se encarne y se convierta en hombre, en cuyo caso se lo podrá tratar de imbécil, ya sea de modo implícito en Dostoyevski (imagen de Myshkin mediante), ya sea explícitamente en Nietzsche[23]. Llueven entonces los insultos, que recuerdan las invectivas de Rousseau contra la civilización, con la única diferencia de que ahora no se trata de ir contra la civilización, sino contra la humanidad que la hace posible (habida cuenta de que, si no me equivoco, la civilización no baja del cielo y, por tanto, tiene que haber algún Prometeo). La imbecilidad es el lastre de la civilización.

Hacer el estúpido

El reverso de la tesis de Heidegger, en cambio, es perfectamente compartible. Solo el mono imbécil es creativo.

¿Podemos imaginarnos un castor o un babuino con un *hobby?* ¿Un mapache *fashion victim?* ¿Un rottweiler vegano? Únicamente el mono imbécil puede permitirse ser diletante, loco, banal o idealista. De acuerdo con la dialéctica de la imbecilidad, la modernidad no ha hecho más que agudizar esta circunstancia. Estamos desarraigados en una sociedad enormemente más compleja, no sabemos cómo comportarnos y caemos en una angustia de desarraigo. El individuo es inefable y es imbécil, su individuación raramente lleva a buenos resultados. La originalidad, la fragmentación del vínculo social, la ruptura de las tradiciones, todo ello ha sido la causa principal de que la imbecilidad se manifestara a plena luz, de la misma manera que el abandono de las costumbres tradicionales ha sido la causa principal de la degradación del gusto en la vestimenta.

Tanto más si el mono en cuestión cuenta con técnicas, como es precisamente el caso, y obviamente no se abstiene de emplearlas. Es la hora del diletante, y por eso nos parece que el mundo está lleno de imbéciles, mientras que antes nos parecía lleno de metecos, extranjeros, bárbaros, idiotas (o sea, individuos fijados en sus características particulares, en su *idios,* pero no expresiones de imbecilidad individual). Ya lo advertí en el primer capítulo: la técnica, que libera a legiones de imbéciles, es la misma que las saca a la luz y las fija a sus responsabilidades. Pero nada hay más erróneo que pensar que la técnica es responsable de ello. La técnica nunca ofrece nada fuera de sí misma. No hay nada más inteligente, menos pensado, más funcional, que un destornillador o una divinidad.

A menos que el mono diletante se dedique a ello y trate de simular la inteligencia con aparatos técnicos de su propia producción. Hace unos años se leyó por doquier la noticia que anunciaba que pronto se cumpliría el antiquísimo sueño de crear una computadora capaz de reproducir la inteligencia humana. Al menos se ha dado un paso importante en esa dirección, dado que se ha conseguido producir un ordenador con la misma inteligencia que un gato (no hemos por tanto adelantado gran cosa). Estamos aún muy lejos del hombre, cuyo número de sinapsis y de neuronas es infinitamente superior, pero vamos por el buen camino. En diez años más tendremos una computadora capaz de ofrecer las mismas prestaciones que un cerebro humano. Una gran noticia, pero también, si nos detenemos a reflexionar, un gran problema. Porque no se trata de preguntarse si el resultado final de toda la investigación será un cerebro bueno o un cerebro diabólico, como a menudo ocurre en los relatos de ciencia ficción. No, el verdadero problema reside en estos diez fatídicos años de pruebas, errores y progresos. Efectivamente, tras el cerebro del gato tendremos los del perro, el cerdo, el oso y luego el del chimpancé. Hasta aquí, muy bien. Pero luego, ¿qué tendremos luego? De nada sirve ocultarlo. Después de otros ocho o nueve años de investigación tendremos el cerebro de un imbécil. Entonces tendrá lugar la verdadera fase crítica. El imbécil artificial, que ni siquiera es contenido por el instinto de supervivencia, sería una máquina tremenda y capaz de todo, como, por ejemplo, sojuzgar a los científicos, adueñarse del laboratorio y tal vez conquistar el mundo entero. Así, jamás llegaremos al décimo año ni al Inteligente

Artificial, y tal vez pasemos a depender del Imbécil Automático. La expresión «hacer el estúpido», que generalmente se utiliza de manera metafórica y negativa («no hacer el estúpido»), sería entonces literal y positivamente realizada con la fabricación concreta de un estúpido artificial. Artificial y no menos malo que aquellos a quienes se les ocurrió esa estupidez.

El mono detenido

Así las cosas, la imbecilidad nos pone en conexión directa con el mal: «Este mal originario que hay en el hombre puede ser puesto en duda por quien haya conocido superficialmente al hombre en sí y fuera de sí»[24]. Es difícil no estar de acuerdo con Schelling y aún más difícil estar de acuerdo con el insoportable Rousseau cuando declama: «¡Oh, vertu! Science sublime des âmes simples»[25]. Uno se pregunta si nunca lo ha rozado siquiera la sospecha de que la verdad pudiera ser lo contrario. ¿No es que el mal y la corrupción son consecuencias de la imbecilidad? ¿No será señal de un optimismo a prueba de bomba (para evocar el lado oscuro de la técnica) afirmar que las ciencias y las artes nos corrompen y bendecir al salvaje que comprimió el cerebro de su hijo para volverlo imbécil? ¿No será más bien que el hijo de semejante padre era imbécil por cuenta propia?

El mono imbécil es también el único mono detenido o detenible por delincuente, o sea, el único capaz del mal. La misantropía, que no la filantropía, es la clave para comprender la imbecilidad como rasgo exclusivo del ser humano. Tan cierto es que el origen del mal no reside en la ignorancia, como suponía Sócrates, sino en la imbecilidad como que no se lo supera simplemente con el saber. La *akrasia,* la debilidad de la voluntad, inexplicable sobre la base de la ignorancia (porque una vez que sé que los azúcares engordan, debería dejar de consumirlos), resulta en cambio muy fácil de explicar con la imbecilidad (continúo porque soy un estúpido). La imbecilidad es ajena al intelectualismo, pues se puede ser un genio del mal y al mismo tiempo imbécil. El intelectualismo afirma que somos malos por ignorancia y que, si fuéramos sabios, seríamos buenos. La doctrina de la caída o del mal originario sostiene que somos malos por naturaleza. Personalmente, sugiero que somos indudablemente malos, no por defecto de cultura ni por exceso de naturaleza, sino simple y llanamente por imbecilidad. En un círculo hermenéutico, no solo queda claro que el mal es consecuencia de la imbecilidad, sino también que la imbecilidad deriva del mal.

Cuando, en la vigilia de Caporetto, Badoglio se abstuvo de tomar medida defensiva alguna, ¿obedecía una orden del Kapital o secundaba su propia imbecilidad innata? ¿Qué demoníaco mandato o qué cretinismo económico puede llevar a hacer reverencias ante los acantilados con una nave de turismo? Se trata de una verdad poco pintoresca y exenta de grandiosidad, pero no veo alternativas. La descripción de los intentos humanos de realizar el mal, su planificación rigurosa, lleva ínsito un absurdo; y lo mismo ocurre con la hipótesis de un mal en el Diablo o en Dios, el Resentimiento o la Represión. Las declamaciones contra estas figuras enmascaran una realidad mucho más próxima, doméstica y fatal, la de la imbecilidad en cuanto oscuro fundamento de lo humano y motor (mucho menos oscuro) de la historia[26].

Si de verdad no queremos perturbar la acción de un dios personal (lo que no parece una estrategia útil ni justa), la sustitución del mal por la imbecilidad aporta una respuesta satisfactoria a los interrogantes de la teodicea. En efecto, Dios ha creado al hombre a su imagen y semejanza; luego, si pasamos de lo condicionado a la condición, de la criatura al creador, también él, a su manera, era defectuoso, no malo. Después de todo, ¿qué es el terremoto de Lisboa de 1755 sino una gran chapuza, que creó una multitud de problemas a su supuesto instigador y proveyó de una apologética indirecta a agentes alternativos?[27].

Lograr la sagacidad

Pero volvamos a nosotros y entre nosotros. Una conducta inteligente es en cierto modo una conducta forzada, pues ha de respetar reglas y someterse a la causalidad. Únicamente la imbecilidad, el gesto descompuesto, la palabra fuera de lugar, la acción que entraña perjuicio para uno mismo y para los otros al romper radicalmente con el orden de las causas, esto es, al carecer de razón, nos remite a la total libertad. Lo que Epicuro atribuía al *clinamen,* al azar, se manifiesta sobre todo en el comportamiento absurdo, en la frase desgraciada, en el acto gratuito que los demás recompensarán con creces. La imbecilidad es lo único que carece de razón. No hay que subestimar esta falta de motivación, porque de ella deriva algo que constituye el verdadero éxtasis de la razón: la imbecilidad como revelación de la nada, que del vacío de la mollera asciende al absoluto y a la cuestión del ser.

Esto es lo que el viento del ala de la imbecilidad nos saca a la luz: lo único verdadero, el apocalipsis radical una vez roto el velo de maya, como acertadamente sugería por lo demás Schopenhauer. El mundo como representación, el mundo regido por el principio de razón, no es, en última instancia, más que apariencia. En un destello en la noche clara de la Nada, en un golpe de estupidez, puede revelarse la esencia, el imbecilísimo mundo de la voluntad, esto es, el mundo en el que realmente estamos y lo que realmente somos; la voluntad, lo único infinito en el hombre[28], es por tanto la verdadera fuente de todo error.

La dialéctica de la imbecilidad, que parecía tan bien encaminada, choca de lleno con esta aporía insuperable: ¿será cierto que el progreso, e incluso el genio, son fruto de la imbecilidad, pero que es menester incluir los perjuicios? Por tanto, ¿qué hacer con la imbecilidad? ¿Desearla, huir de ella, resignarse a padecerla? Porque es preciso no olvidar que, en todo caso, los imbéciles son muy irritantes y que es desagradable descubrirse imbécil. Pero si la imbecilidad nos pone en comunicación con las raíces más nobles del espíritu, ya no se sabe en realidad qué hacer ni qué pensar.

¿Lograremos algún día la sagacidad? ¿Aprenderemos a vivir?

Epílogo
Fenomenología del espíritu

Catón, nos cuenta Cicerón[1], solía preguntarse cómo era posible que un arúspice no se riese al encontrarse con otro arúspice. Pero, si es por eso, ni siquiera Heidegger se rio cuando, en 1975, ya víctima de un ictus, se encontró en su casa con Lacan, que había ido a explicarle, en francés, sus últimas teorías. Ninguno rio, y el motivo por el que no rieron es muy simple: la risa estaba inhibida por la imbecilidad, por la imperturbable paranoia que anidaba en el elevado concepto que tenían de sí mismos y de sus ideas[2]. ¿No habría sido mejor que rieran? «Absolutamente sí», o, mejor aún, «Yes!», como dice Homais a un impaciente Léon[3]. La risa de Mario ante el Caballero Cebolla es la única solución de la aporía a la que conducía la dialéctica de la imbecilidad.

Precisamente en torno a este tema me gustaría centrar el epílogo de esta rapsodia. Hasta ahora, y con éxito variado, se ha practicado la filosofía a modo de fenomenologías del espíritu en el sentido de *Phänomenologie des Geistes*. Ha llegado la hora de una *Phänomenologie des Witzes,* paralela a aquella, pero tal vez no menos instructiva, que describa las posiciones del espíritu en relación con la siempre inminente posibilidad de la imbecilidad y de su consecuencia natural, el ridículo.

Certeza sensible: el sentido del ridículo

> Solo uno podía reírse mientras Derossi hablaba de los funerales del rey, y Franti se rio. Lo detesto. Es malo. Cuando viene un padre a la escuela a dejar en ridículo a su hijo, disfruta; cuando alguien llora, él se ríe. Tiembla ante Garrone y le pega al albañilito porque es pequeño; atormenta a Crossi porque tiene un brazo muerto; escarnece a Precossi, a quien todos respetan; y hasta se burla de Robetti, el de segundo, que anda con muletas por haber salvado a un niño[4].

Solo ríe quien no sabe, parece haber dicho Brecht, y es posible que (él o cualquier otro en su lugar) tenga razón, ya sea por la abundancia de risa en la boca de los estúpidos, ya porque ni siquiera la persona más inteligente podría decirnos, en profundidad, por qué algo o alguien le da risa. Sin embargo, aun sin saber (y obviamente ignorando las sutilezas metafísicas de la imbecilidad, que hemos explorado mínima e insuficientemente), ríe. La carcajada, repito, puede muy bien ser señal de imbecilidad. El espíritu puede ser inconsistente y hacer reír a los ingenuos, puede manifestar malestar, incomprensión, miedo, agresividad.

Pero también es cierto que la falta del sentido del ridículo se considera, y no sin razón, circunstancia suficiente para definir a un ser humano como imbécil. Pero, ciertamente, también es posible reír como un imbécil, y la risa puede manifestar cosas distintas del sentido del ridículo, ante todo enseñar los dientes antes del ataque. El sentido del ridículo, por tanto, es la condición necesaria, pero no suficiente, de una fenomenología del espíritu como salida, si bien aporética, de la imbecilidad.

«Sentido», decía Hegel[5], es una palabra maravillosa, porque denota la inmediatez sensible e irreflexiva y, al mismo tiempo, el significado, el concepto, el fin. Esto vale ante todo para el sentido del ridículo, que nos señala el punto de partida, el equivalente de la certeza sensible de la *Phänomenologie des Geistes*. Es la impresión inmediata del ridículo que provocan personas, cosas o situaciones a las que espontáneamente se atribuye la característica de la imbecilidad.

Pero al mismo tiempo es exactamente la mancha ciega de una dialéctica inquieta, más al modo de Kojève que de Hegel. La dialéctica de la imbecilidad, hemos visto, es una dialéctica negativa que conduce a la siguiente aporía: es verdad que la imbecilidad es el motor fáustico de todo progreso humano, pero también es cierto que el resultado indefectible de este progreso consiste en revelaciones siempre nuevas de la imbecilidad. La dialéctica no conduce a una composición armónica, que quizá se dé en los libros, y está bien que así sea, pero en el mundo real no hay cornudo (para quedarnos con el menor de los males) al que le sirva de consuelo que su excónyuge haya impulsado con su nueva pareja una iniciativa plena de méritos. Para el individuo no hay composición posible, sino solo aporía.

Sin embargo, es precisamente en este punto donde se desarrolla un sentimiento de lo contrario cuyo resultado es justamente la risa. Cuando uno se ríe suena una llamada profunda y verdadera a no llorar y, en el fondo, se ríe únicamente de la imbecilidad, de la debilidad humana. Si hasta el cristianísimo Manzoni se burla con indulgencia del optimismo político-social de Renzo Tramaglino[6], imaginemos qué no haría el odioso Franti. Pero, después de todo, ¿por qué no reírse del padre de la patria? Al fin y al cabo, si en lugar de haberse reído de Víctor Manuel II lo hubiera hecho de Humberto I, los reprimidos a cañonazos por Bava Beccaris se habrían mostrado agradecidos y solidarios. El mal está allí, ante nuestros ojos, en nosotros y fuera de nosotros, y tenemos sobrados motivos para llorar. En cambio, reímos, como el villano de *Ho visto un re*[7]. Es una superioridad, un *остранение*, un movimiento del caballo, tal vez cruel, pero justo.

Conciencia: los imbéciles son los otros

De nosotros mismos, atención, nos lamentamos mucho más de lo que nos reímos. El objeto de la risa son los otros: el hombre que se cae de Bergson, la señora emperejilada de Pirandello. Uno se ríe porque tiene conciencia, aunque sea confusa, de la imbecilidad y sus manifestaciones, empezando por el absurdo. ¿Por qué estallar con *voix égophonique* en un «¡El *duce* es un genio!»?[8]. Vaya uno a saber. O, mejor, es hasta demasiado claro: *it's the imbecility, stupid.* Que la risa es la reacción espontánea ante estos enormes absurdos queda demostrado por el hecho de que *El gran dictador,* de Chaplin, y luego *Bananas,* de Woody Allen (por no hablar de *Rebelión en la granja),* provocan la risa refiriéndose precisamente al totalitarismo, y el totalitarismo se explica particularmente bien mediante la comicidad *(Ubú rey,* etc.).

Luego están los que se creen más listos que los demás y son unos imbéciles. El general y lord Garnet Wolseley, probablemente uno de los peores generales de la historia (a quien se debe, en particular, la fácilmente evitable caída de Jartum y la masacre que le siguió), no dudaba en calificar a Gladstone de «imbécil»[9].

La primera toma de conciencia, y la primera carcajada, se orientan al mundo exterior. Imbéciles son los otros, de quienes nos reímos en *petit comité,* o es el otro, triste, solitario y final, de quien la risa se da en compañía o en masa. Pero esto debería llamar a la reflexión sobre los límites de esta conciencia, que no es solamente la que mueve a reírse del gran dictador, sino también la que ríe sus chistes y tal vez organiza pogromos. Sobre todo, por imbéciles que sean los demás, ¿estamos seguros de que, así y todo, no son mejores que nosotros?

Lo hemos visto: la imbecilidad no excluye el genio. Por ejemplo, no tenemos idea de lo imbécil que podía ser la aspiración de Scott Fitzgerald a convertirse en *quarterback* del equipo de béisbol de Princeton. Es cierto que el primer *crack-up,* la primera grieta, es la base de una serie de golpes de genio que alcanza su culminación justamente en el relato del *crack-up,* del hundimiento final, que con razón se ha considerado el punto más elevado de su literatura[10], que concibe su propia vida como «la historia póstuma de un plato roto» *(a cracked plate's further history).* A la inversa, ha habido un momento, al comienzo de la *Recherche,* cuando Odette se hacía llamar Miss Sacripant, en que el sublime Elstir se hacía llamar Monsieur Biche y era un perfecto imbécil. Es verdad que la imbecilidad es un destino que nos espera al final, y que (como ya he recordado) hasta el hombre más inteligente, Charlus, puede convertirse en un autómata que repite los nombres de los amigos fallecidos.

Pero también es cierto que la imbecilidad es el origen mismo. Todos hemos sido una bestia viquiana y luego imperfectos, incompletos, imbéciles que hemos cometido errores de los que nos avergonzamos aún hoy. En parte seguimos siéndolo, pero –y esta es la buena noticia– en parte ya no. Tanto en el imbécil que nos es exterior como en la presencia inmanente de la grieta, del *crack-up,* sentimos al imbécil en nosotros, mientras que la cultura es un gran dique construido para contener ese inmenso mar de imbecilidad que es el género humano. La verdadera palingenesia es más bien la concepción de la civilización que ha formulado el imbécil de retorno que es Baudelaire. La verdadera civilización no consiste en el gas, ni en el vapor, ni siquiera en las sesiones espiritistas, sino en la cancelación de las huellas del pecado original[11].

Pero no es necesario creer en la resurrección de la carne para comprender esta cuestión, pues la resurrección del espíritu, la cultura, es el intento infinito de aliviar la grieta, de cancelar las huellas de la imbecilidad, y el milagro está en que a veces eso se consigue y que hay efectivamente algo así como un progreso del espíritu humano, aun cuando sea por oposición o por azar. Tras reírse de los otros viene la sospecha de que, en lugar de afectar superioridad, vale más la pena reconocer, con Baudelaire, que «afanan nuestras almas, nuestros cuerpos socavan / la mezquindad, la culpa, la estulticia, el error»[12]. Tras la certeza sensible («río») y la conciencia («me río de algo o de alguien»), es preciso agregar la autoconciencia: lo risible podría ser yo, sea para mí mismo (raramente), sea para los otros (en la mayoría de los casos).

Autoconciencia: imbécil serás tú

Decía que la autoconciencia tiene un punto de partida relacionado con el shock y que a menudo consiste en la brevísima frase «imbécil serás tú», pronunciada no ya respecto de otro, sino de uno mismo en el silencioso monólogo del alma consigo misma. Más temprano o más tarde (aunque a veces nunca) se abren paso dos evidencias difíciles de eludir: la de que somos tan mortales como todos los demás y la de que además somos tan imbéciles como ellos o más. La esperanza está en serlo un poco menos, y el medio para ello, obviamente, es la autoconciencia: quien es consciente de ser imbécil lo es *a priori* menos que quien no lo sabe. La autoconciencia va a la par del descubrimiento de la mediocridad.

En *Mi corazón al desnudo,* el imbécil potencial escribe lo siguiente: «Saint-Marc Girardin ha pronunciado una frase que perdurará: ¡Seamos mediocres! Compáresela con la máxima de Robespierre: quien no cree en la inmortalidad de su ser se hace justicia. Las palabras de Saint-Marc Girardin implican un odio inmenso a lo sublime». Ahora bien, si De Maistre pudo escribir un elogio del verdugo no menos sublime que el de la guillotina de Robespierre, vale la pena esbozar un elogio de la mediocridad, esa virtud ética (la *mesotés,* la medianía de la que habla Aristóteles y que habría de convertirse en el *aurea mediocritas* de Horacio) tan desacreditada. Girardin, que no era en absoluto un mediocre, o en todo caso lo era menos que tantos teóricos del heroísmo (fue profesor en la Sorbona, ministro, periodista, diputado y autor, entre otras cosas, de un monumental *Curso de literatura dramática),* propone, después de todo, lo contrario de las fanfarronadas del *armiamoci e partite**. En efecto, dice: «Seamos mediocres», lo que no es una banalidad.

Merece la pena ante todo observar que Girardin se incluye a sí mismo entre los destinatarios de la exhortación. Esto significa que no adopta la posición grandilocuente del Héroe («L'armi, qua l'armi: io solo combatterò, procomberò sol io»)** o, mejor aún, que propone un heroísmo distinto, el de *El Héroe* de Baltasar Gracián, donde el heroísmo es ante todo capacidad política de disimulo, malicia que ayuda a la milicia que es la vida, una guerra tanto más despiadada cuanto menos declarada. Pero, incluso sin atribuir intenciones maquiavélicas a Girardin, es cierto que alabanzas de la mediocridad he-

* «Arménonos y partid», frase proverbial del italiano para burlarse de quienes incitan a los demás a asumir peligros que ellos mismos no corren. *(N. del T.)*

** Versos de Leopardi: «Las armas, aquí las armas: combatiré solo, solo sucumbiré». *(N. del T.)*

mos visto pocas, mientras que el elogio de lo excepcional, de la creatividad (lo recordaba en el capítulo primero), de lo sublime o del genio es lo más banal que pueda existir. En la práctica, no hay una sola publicidad que no oculte alguna promesa de excepcionalidad. Por eso, además de un (eventual) heroísmo jesuítico, Girardin manifiesta indiscutiblemente una gran originalidad. Apostrofar a los propios contemporáneos con un «¡Seamos mediocres!» no es mediocridad, no es cosa de todos.

Al contrario, requiere mucho valor, casi una *hybris* demoníaca, porque la mediocridad propiamente dicha es un ideal raro y estadísticamente poco probable. La cuestión que hemos de tratar es una función gaussiana: el cincuenta por ciento del género humano está por encima de la media y el cincuenta por ciento por debajo. ¡Vaya uno a encontrarla! Lo que erróneamente llamamos «mediocridad» no es la medianía aristotélica ni la mediana estadística, sino una incursión perversa por encima o por debajo de la media. Por el contario, la mediocridad propiamente dicha es resultado de un ejercicio de ascesis, la persecución de lo más regulador entre los ideales de regulación, esto es, la media estadística. Por eso, añadir la mediocridad como ideal es encaminar la humanidad (y a cada uno de nosotros) hacia un objetivo difícil. En cambio, exhortarla a la excepcionalidad es dejarla donde estaba, esto es, todos por encima o por debajo de la media.

Se podría seguir interminablemente con estos razonamientos, pero es preferible detenerse en una idea que, antes o después, la experiencia hace inevitable. No hay imbécil que en algún momento de su vida no se haya identificado con Napoleón. Sin embargo, repito, ha sido necesario el arte de Tolstói para comprender que el verdadero héroe es Kutuzov, el cortesano que al ganar tiempo permitió que el gran ejército fuera derrotado por el General Invierno. Si hay una característica infalible de lo que, a la manera de un oxímoron, podría definirse como el «peor mediocre» (o el «mediocre malo», para distinguirlo del «mediocre bueno», como en el caso del colesterol), es prestar atención a la excepcionalidad. Porque, leemos en el diccionario Treccani, el mediocre se revela como tal en «actividades que por sí mismas requieren dotes poco comunes de ingenio y de inteligencia». He aquí la verdadera dificultad y lo que explica por qué la exhortación «¡Seamos mediocres!» (pero seámoslo de verdad, sin soberbia) es un principio de autoconciencia, una norma de prudencia y tal vez hasta el máximo coraje que le sea dado alcanzar a un ser racional impregnado de imbecilidad y por ella acosado.

Razón: de lo ridículo a lo sublime solo hay un paso

Estamos en el final. Muchos años antes de la sentencia sobre las legiones de imbéciles, cuando la muerte todavía estaba lejos, Eco[13] imaginaba el diálogo entre Sócrates y un discípulo, en el que Sócrates sostiene que para morir sin lamentaciones es necesario convencerse de que el mundo está lleno de imbéciles. No de inmediato, por supuesto, no de joven, para no volverse nihilista. Pero con el paso del tiempo es preciso prepararse, hay que aprender a morir y comprender que es realmente cierto que el mundo está lleno de imbéciles, o más bien que todos lo son, incluso nosotros. La despedida será más ligera.

¿Será esto alcanzar la sagacidad? ¿Será esto aprender finalmente a vivir, cuando ya no sirve para nada? Contemplando las cosas con la mirada cósmica que se logra con la fenomenología, nos damos cuenta de que, así como el sabio sabe que no hay nada en el mundo que merezca el llanto, también ese mismo sabio sabe que no hay nada en el mundo que merezca una carcajada a fondo. Son dos axiomas contradictorios, cómica y trágicamente verdaderos. El primero dice: «De todo podemos reírnos»; efectivamente, es posible reírse de todo, no hay tragedia o funeral que no tenga un aspecto cómico. Pero el segundo dice: «No hay nada de lo que reír»; efectivamente, es cierto, y, como decía Pascal hablando de la vida, por bella que haya sido la comedia, el final es siempre trágico. Y si alguien nos dijera: «No hay nada por lo que llorar», o «¿de qué te sirve llorar?», sería verdaderamente difícil encontrar un argumento definitivo en sentido contrario[14].

En el corazón de esta paradoja están los imbéciles, que la encarnan así como Cristo encarna la divinidad. El punto más alto, después de la certeza sensible, la conciencia y la autoconciencia, es la razón. Esta, majestuosa y solemne, nos interpela con esta pregunta: «¿Qué hay para reír?», con la misma superioridad respecto de las cosas del mundo con la que, ante la tragedia, nos preguntará: «¿Qué hay para llorar?». A estas alturas estamos fuera de la imbecilidad, fuera de la risa y fuera del llanto, en el ideal de la pura inteligencia. Pero obsérvese que hasta aquí no se habría llegado más que a ataques de risa, de llanto y, sobre todo, de imbecilidad, tanto nuestra como de los demás.

Así es, al menos en apariencia; pero no si reflexionamos. La risa implica una superioridad respecto del llanto. Porque si, en determinadas circunstancias, todos somos capaces de llorar, no todos lo somos de reír. Parece que, cuando enseñaba en Bolonia, al final de las cenas con colegas y alumnos, en el momento en que, tras haber parloteado sobre trifulcas académicas y chismes departamentales, se hacía el silencio, Eco, con un cigarrillo en la mano y haciendo chirriar su «erre» alejandrina, decía: «Y además está el problema de la muerte». Tal vez la conciencia aguda de esta mortalidad haya sido, como ocurre a menudo, la verdadera musa de Eco, filosófica y no filosófica; y ante todo el origen de su incontenible buen humor. No hace falta demasiada profundidad psicológica para ver en ello el exorcismo de una melancolía a lo Paolo Conte oculta tras la máscara de una hilaridad incontenible, tan incontenible como su voluntad de saber, viajar, frecuentar personas de todo tipo y alejarse lo más posible de sí mismo, con un deseo omnívoro sin equivalentes y que, sobre todo, no conoce jerarquías.

Por ejemplo, en la primera de sus *Bustine di Minerva,* Eco cuenta que el padre Van Breda, administrador del interminable legado de Husserl que se conserva en Lovaina, se preguntaba si en tal cantidad de folios el gran hombre no habría dejado alguna imbecilidad o, simplemente, algo ridículo. Efectivamente, lo había hecho, y el responsable del hallazgo fue Derrida en su breve estancia en Lovaina, veinticinco años antes, quien lo citó al final de su memoria sobre el problema de la génesis fenomenológica de Husserl. Era una carta a Edith Stein, escrita al borde de la muerte: «No sabía yo que morir fuese tan duro. Sin embargo, ¡cuánto me he esforzado a lo largo de la vida por eliminar toda futilidad! [...] Justamente ahora, que llego al final y que todo se ha acabado para mí, sé que debo retomar todo desde el comienzo». Sublime, por cierto, pero al mismo tiempo imbécil; y no por ello menos sublime.

Así es siempre la vida, pero sobre todo al final, cuando parece que hemos empezado a aprender a vivir y descubrimos –como Husserl– que hemos de aprender a morir, pero, obviamente, ya no hay tiempo. Y eso siempre que seamos objeto de alguna suerte de preaviso, pero nada hay menos seguro que esto. Se cuenta que a un erudito biblista, cardenal arzobispo de París y amigo de Georges Bataille y de Pierre Klossowski, lo encontraron muerto en la casa de una prostituta. Por supuesto que, en tales circunstancias, era difícil santificarlo. Pero supongo que, por este solo hecho, más de uno se habrá preguntado (y respondido afirmativamente) si no era justo, dadas la extravagancia del acontecimiento y la contradicción entre la condición de cardenal y la conducta licenciosa, considerarlo un filósofo y no solo un estudioso.

El erudito biblista sabía cómo morir; por tanto, había aprendido a vivir. Su caso da risa, sin duda, pero desvela al desnudo el parentesco que vincula lo ridículo con lo sublime, proximidad que suele interpretarse negativamente al concebir lo ridículo como sublime fallido, cuando también es lo sublime en potencia, lo sublime en gestación, el primer anuncio de lo sublime propiamente dicho, así como la belleza es precursora inmediata de lo terrible. Esto equivale a decir que entre la imbecilidad y el genio no hay más que una sutil línea roja, una línea que, sin embargo, tanto en nuestra conciencia infeliz como en nuestra alegre inconsciencia, nunca se supera en el momento preciso.

Notas

Prólogo. *Tu quoque* trascendental

1. Avital Ronell, *Stupidity,* Urbana, University of Illinois Press, 2001, p. 133. Y es difícil no compartir todo lo que escribe Piergiorgio Odifreddi en la introducción a su recentísimo *Dizionario della stupidità,* Milán, Rizzoli, 2016: «Nadie [...] posee un conocimiento completo de la estupidez, ni propia ni ajena; cada uno tiene de ella tan solo una visión parcial, interior y exterior, con la que el autor ha debido conformarse y con la que tendrá que conformarse el lector».
2. Gianfranco Marrone, autor del notable libro *Stupidità e scrittura,* Palermo, Flaccovio, 1990 (más tarde reeditado y desarrollado con el título *Stupidità,* Milán, Bompiani, 2012), ha publicado en 1999 *C'era una volta il telefonino. Un'indagine socio-semiotica,* Roma, Meltemi, cuya tesis fundamental sostenía que el teléfono móvil estaba en vías de desaparición. Pero el error empírico no excluye necesariamente la grandeza trascendental. En efecto, hace doscientos años Hegel dijo del arte lo mismo que Marrone del móvil y nadie se ha escandalizado.
3. En *El hombre y la gente,* capítulo VI, «Más sobre los otros y yo. Breve excursión hacia ella» (Madrid, Alianza Editorial, 2006, pp. 119-143), hay páginas de rara imbecilidad, en las que, tras burlarse de Simone de Beauvoir y exculparse por haber introducido tres páginas sobre la mujer en un libro dedicado al hombre, describe a las mujeres como seres débiles e hipersensibles, inferiores, confundidos y felices de ser estas tres cosas y de hacer feliz al hombre.
4. Es lo que ha observado acertadamente Gilles Deleuze, que con las consideraciones sobre la imbecilidad en *Diferencia y repetición* (1969), trad. de María Silvia Delpy y Hugo Beccacece, Buenos Aires, Amorrortu, 2002, y en *Lógica del sentido* (1970), trad. de Miguel Morey, Barcelona, Paidós, 2001, proporciona un contra-

punto ideal a la *Historia de la locura* de Foucault, en el que la locura constituiría, por así decirlo, el plano noble, pero raro y sociológicamente poco revelador, de la imbecilidad.

5. Esto lo tiene muy claro el Schelling de las lecciones berlinesas sobre filosofía de la revelación. «Todo entendimiento real *(Verstand)* se manifiesta únicamente en su superioridad sobre lo privado de entendimiento *(Verstandlose)*. La locura *(Wahnsinn),* en potencia oculta en la profundidad de la esencia humana, es aquello a superar en el hombre, pero que por algún motivo vuelve a convertirse en agente. Es la realidad del principio existente fuera de sí. Y es precisamente en la raíz de un sumo entendimiento donde, en tanto superado, subyace este principio; no en su ausencia, sino en su dominio, es donde se desvela la fuerza creativa. Donde no hay locura alguna, aun cuando regulada y dominada, tampoco hay entendimiento poderoso. *El cretinismo (Blödsinn) consiste justamente en la ausencia de esta materia originaria, mediante cuya regulación el entendimiento quiere experimentarse activo»* (F. W. J. Schelling, *Filosofia della rivelazione 1841-1842,* ed. a cargo de F. Tomatis, Milán, Bompiani, 2016, p. 961, las cursivas son mías).
6. F. W. J. Schelling, *Ricerche filosofiche sull'essenza della libertà umana e gli oggetti che vi sono conessi,* trad. it., en *Friedrich Wilhelm Joseph von Schellings sämmtliche Werke,* Stuttgart-Augsburgo, 1856-1861, vol. VII, p. 390 [ed. cast., *Investigaciones filosóficas sobre la esencia de la libertad humana y los objetos con ella relacionados,* ed. bilingüe y trad. de H. Cortés y A. Leyte, Madrid, Anthropos, 2003].
7. Barry O'Meara, *Napoleon in exile; or, A voice from St. Helena,* 5.ª ed., 2 vols., Londres, J. McCreery, 1822. [El autor deja constancia de que, en el original inglés, la lista está en italiano. Merece la pena reproducirla aquí: *coglione, idiota, imbecille, bugiardone, boia, sbirro, canaglia, chiachierone, ignorantaccio, spione, bestia ignorante. (N. del T.)*]
8. Umberto Eco, *Il pendolo di Foucault,* Milán, Bompiani, 1988 [ed. cast., *El péndulo de Foucault,* trad. de Ricardo Pochtar y Helena Lozano Miralles, Barcelona, Lumen, 1989].
9. Carlo M. Cipolla, «Le leggi fondamentali della stupidità umana», en *Allegro ma non troppo,* Bolonia, Il Mulino, 1988 [ed. cast., Barcelona, Crítica,1991].
10. Kevin Mulligan, «Foolishnes, Stupidity and Cognitive Values», en *The Monist,* n. monográfico a cargo de B. Nanay, *The Philosophy of Robert Musil,* 97, 2014, 1, pp. 66-85.
11. «De la inexactitud de los datos pasaron al desprecio de los hechos. Lo que importa es la filosofía de la historia.»

12. Platón, *Teéteto,* 155d; Aristóteles, *Metafísica,* 982b.
13. «Si el afecto del filósofo es el estupor, la filosofía [...] no hallará descanso mientras no se una a lo que es absolutamente digno de estupor, a lo que supera el pensamiento mismo» *(zu dem das Denken selbst Ahfhebenden),* enseñaba Schelling en las lecciones *berlinesas* del 14 de febrero de 1842 *(Filosofía de la revelación, 1841-1842),* en referencia al absoluto. Pero veremos que este absoluto y esta conciliación se hallan, más que en ningún otro sitio, en la imbecilidad.
14. Sören Kierkegaard, *Il concetto dell'angoscia,* 1844, en *Opere,* vol. I, a cargo de C. Fabro, Casale Monferrato, Piemme, 1995, pp. 103-104 [ed. cast., *El concepto de la angustia,* trad. de Demetrio Gutiérrez Rivero, Madrid, Alianza Editorial, 2013].
15. «Fumus imbecillitatis [...] à quibus diuersimodè Deus offenditur»; Diego de Estella (Diego San Cristóbal Cruzat), *In sancrosanctum Iesu Christi Evangelium secundum Lucam,* Salamanca, 1573, p. 359, col. II.
16. El chambelán llama a la puerta y el prior pregunta: «¿Quién es?». El chambelán responde, supongamos: «Francisco José Carlos de Habsburgo-Lorena, rey de Bohemia, rey del Reino Lombardo-Véneto, rey de Dalmacia, Croacia y Eslavonia, rey de Galizia y Lodomeria, archiduque de Austria, gran príncipe de Transilvania, conde de Gorizia y de Gradisca, señor de Trieste, duque de Salzburgo, príncipe de Trento y Besanzón». El prior dice: «No lo conocemos»; el chambelán insiste y el prior vuelve a preguntar: «¿Quién es?». El chambelán responde: «Su Majestad Imperial», y el prior, otra vez: «No lo conocemos». El chambelán llama una vez más, sumisamente ahora. «¿Quién es?», pregunta por última vez el prior, y el chambelán responde: «Un pobre y miserable pecador». Solo entonces el prior abre y autoriza la sepultura.

1. Imbecilidad de masas

1. Eco habló incidentalmente de esto a los periodistas al margen de la ceremonia en la que fue objeto de la concesión del doctorado *honoris causa* en Turín, el 10 de junio de 2015: «Los medios de comunicación sociales dan la palabra a legiones de imbéciles que antes hablaban únicamente en el bar tras un vaso de vino, sin perjuicio para la colectividad. Rápidamente se les hacía callar, mientras que hoy tienen el mismo derecho a hablar que un premio Nobel. Es la invasión de los imbéciles». Obviamente –como confirmación

inmediata de la tesis–, esta declaración pronunciada al pasar dejó por completo en la sombra la *lectio magistralis* de Eco, dedicada a una forma más sublime de imbecilidad, la paranoia y la teoría del complot.

2. San Agustín, *Confesiones,* X.3.3 (Madrid, Alianza Editorial, 2015, p. 258).
3. Giancarlo Livraghi, autor de *Il potere della stupidità,* Trento, M&A, 2004, presenta una amplia bibliografía en el sitio http://gandalf.it/stupid/librvari-htm.
4. Paolo Legrenzi, *Non occorre essere stupidi per fare sciocchezze,* Bolonia, Il Mulino, 2010.
5. General Carlo Favagrossa, *Perché perdemmo la guerra,* Milán, Rizzoli, 1946.
6. «Sin embargo, los imbéciles están en todas las instituciones», ha observado con agudeza Mario Morcone, jefe del Departamento de Libertades Civiles e Inmigración del Ministerio del Interior, al explicar el proceder de un burócrata al que se define como «imbécil de Agrigento», pero al mismo tiempo enunciando una verdad que Kant definiría como «analítica».
7. He tratado este tema en *Mobilitazione totale,* Roma-Bari, Laterza, 2015.
8. Para utilizar el término que emplean Giovanni Gentile y Giuseppe Lombardo Radice en su traducción de la *Crítica de la razón pura,* tan estúpida como para inducir a Gentile a invocar el terremoto de Messina: «Mi amigo Giuseppe Lombardo Radice [...] realizó [la traducción] hasta el comienzo de la Nota sobre las anfibologías de los conceptos de reflexión (p. 260), y la habría terminado él mismo de no haber perdido en el terremoto de Messina del 28 de diciembre todos sus libros y papeles, así como el ánimo necesario para retomar de inmediato y con firme voluntad una obra tan agotadora, ya muy adelantada, que se le escurría de las manos y en gran parte había sido destruida» *(Critica della ragion pura,* Bari, Laterza, 1940, p. XXII).
9. «Estaba pensando en el Coliseo –dijo–. ¡Qué barbaridad! Debe ser más viejo que el cuco. No creo –respondió el pensador–. El cuco ha de ser anterior. Veamos –agregó el otro–, las primeras noticias sobre el cuco son de 1200.» A. Campanile, *In campagna è un'altra cosa* (1931), Milán, Rizzoli, 1999.
10. Shakespeare, *Macbeth,* V, v (Madrid, Alianza Editorial, 2013, p. 154).
11. Arnold Gehlen, *L'uomo delle origini e la tarda cultura* (1956), trad. it. de E. Tetamo, Milán, Mimesis, 2016.
12. Max Horkheimer y Theodor W. Adorno, *Dialéctica de la Ilustración,* trad. Joaquín Chamorro Mielke, Madrid, Akal, 2007.

13. Aunque la imbecilidad sea congénita al ser humano tal como hasta ahora lo conocemos, las actitudes de los hombres ante ella cambian con el tiempo. Una hipotética historia de la imbecilidad nos mostraría que esta adquiere un valor negativo únicamente en los albores de la modernidad. Los humanistas habrían sido los primeros en preocuparse por ella. Montaigne, por ejemplo, estaría entre los primeros no imbéciles conscientes de ser no imbéciles. Más tarde, Descartes fijaría el canon de la antiimbecilidad con la crítica de la infancia y de la idea, verdaderamente de imbéciles, de estar suficientemente dotados de sentido común. Entre los antiguos era distinto. Eneas con su *pietas* es un perfecto imbécil, pero a los romanos eso les iba de maravilla. ¿Acaso eran más imbéciles de lo que se cree?
14. *Trag. adesp.*, fr. 455 Snell-Kannicht.
15. Nicholas G. Carr, *Internet ci rende stupidi? Come la rete sta cambiando il nostro cervello* (2011), trad. it. de S. Garassini, Milán, Cortina, 2012.
16. Es el supuesto que invalida el libro de Carlos Fruttero y Franco Lucentini, por lo demás digno de consideración, titulado *La prevalenza del cretino,* Milán, Mondadori, 1985. De estos mismos autores merece la pena consultar también *Il ritorno del cretino,* 1992, e *Il cretino in sintesi,* 2002, ambos editados por Mondadori.
17. Aunque es posible encontrar una notable colección de imbecilidades de otros tiempos en Oliviero Ponte di Pino, *Chi non legge questo libro è un imbecille,* Milán, Garzanti, 1999, y A. Accantino, *Imbecilli. Un irresistibile compendio delle frasi più sbagliate e fuori luogo della storia,* Milán, Salani, 2011.
18. Y tal vez toparnos con un documental de posguerra en el que un veterano inglés cuenta que, al entrar en Bruselas, él y sus colegas fueron saludados con una salva de *Good-bye Tommy,* para agregar este indulgente comentario: «Querían decir Hallo».
19. «Declaro solemnemente que Italia no se propone arrastrar al conflicto a otros pueblos colindantes con ella, por mar o por tierra. Suiza, Yugoslavia, Grecia, Turquía, Egipto, deben tomar nota de mis palabras y depende de ellas, solo de ellas, que se vean rigurosamente confirmadas.»
20. El caso de Manzoni no es único y, dicho sea de paso, parece ser una auténtica manera italiana de reflexionar sobre la imbecilidad, desde Vico hasta Eco y el conformista de Moravia, pasando por el inútil de Svevo y los cornudos de Pirandello (que no quieren saber, o que cierran los ojos con tal de no quedar fuera de juego). ¿Será un interés correlativo al mito nacional de la astucia (pero también del *ingenium* renacentista y barroco)?

21. «L'homme est né libre, et partout il est dans les fers. Tel se croit le maître des autres, qui ne laisse pas d'être plus esclave qu'eux. Comment ce changement s'est-il fait? Je l'ignore», Jean-Jacques Rousseau, *Du contrat social; ou, principes du droit politique,* en íd., *Œuvres Complètes,* París, Gallimard, 1964, 4 vols., vol. III, p. 353 [ed. cast., *Del Contrato social,* prólogo, traducción y notas de Mauro Armiño, Madrid, Alianza Editorial, 2012, p. 32].
22. Joseph de Maistre, *Il Papa* (1819), trad. it., Milán, Rizzoli, 1984, p. 282: «Es muy extraño que Rousseau comience su *Contrato social* con esta altisonante afirmación: "El hombre ha nacido libre y se halla por doquier encadenado". ¿Qué es lo que quiere decir? Al parecer, no se propone hablar del hecho en sí, porque, en la misma frase, sostiene que *el hombre se halla POR DOQUIER* encadenado. Por tanto, se trata del *derecho;* pero eso es precisamente lo que había que demostrar, *contra los hechos*».

2. Imbecilidad de élite

1. Esta flagrante evidencia basta por sí misma para sembrar dudas sobre la hipótesis de Eleonora De Conciliis de curarse con la filosofía: *Pensami, stupido! La filosofia come terapia dell'idiozia,* Milán, Mimesis, 2008.
2. Declaración de un carcelero, Nápoles, 20 de julio de 1601: «Die xx. mensis Julij 1601 Neapoli coram admodum Illustrissimo et Reverendissimo Domino Don Benedicto Mandini Episcopo Casertarum Judice in presenti causa delegato meque etc. Examinatus fuit Jacobus Ferraro civitatis Trani etatis annorum quatraginta in circa ut dixit minister Magnae Curiae Vicariae, cui delato juramento de veritate dicenda, et cum jurasset tactis etc. et tanquam vocatus fuit examinatus super infrascriptis, et primo, Interrogatus che parole si lasciò dire fra Thomaso Campanella dopò che fú sceso dal tormento della veglia, che li fú dato allo Castello novo di questa città li giorni passati, et proprio del mese di giugno prossime passato, che le voglia dire dove le disse, et chi ci fú presente che l'intese, et possio intendere. Respondit la verità è che essendo io intervenuto come ministro della gran Corte dela vicaria à dare tormento dela veglia à frà Thomaso Campanella predetto dove io intervenni continuamente, havendomelo posto in collo per consegnarlo allo carceriero delle carceri di detto Castello novo, et cacciatolo cossi in collo dala camera dove hebbe lo tormento fino ala Sala reale, detto frà Thomaso Campa-

nella mi disse da se le formate ò simili parole che si pensavano che io era coglione che voleva parlare, et à queste parole non ci fú nessuna persona presente che l'havesse intese».

3. Robert Musil, *Über die Dummheit,* en *Essays und Reden. Kritik,* ed. a cargo de A. Frisé, Reinbek, Rowohlt, 1983, pp. 1286-1287 [hay traducción al castellano del texto de Musil, recogida en Robert Musil y Johann Eduard Erdmann, *Sobre la estupidez,* Madrid, Abada editores, 2007].
4. Véase lo que sigue: «La no-lectura, tanto si se la niega como si se la reivindica, es una forma de deshonestidad intelectual. Pero no es la única. Una forma a ella ligada y consecuencia de ella es el plagio, ese despreocupado e indetenible robo de ideas, intuiciones, observaciones que las nuevas tecnologías no bastan para explicar. Se trata, una vez más, de la ausencia de toda ética en relación con el texto y con el autor. Se coge un libro o un ensayo para saquearlo con el copia-pega; de esta manera, sin demasiados remordimientos, se vende moneda falsa. ¿Para qué servirán en adelante las comillas?» (Donatella Di Cesare, *Heidegger & Sons,* Turín, Bollati Boringhieri, 2015, p. 41). Exacto, ¿para qué servirán? Como mínimo, para alentar a la autora de estas líneas a abstenerse de la acción que censura. Porque ocho páginas después hace su aparición el implacable *stroke of stupidity:* «La conciencia del alumno, y más aún la de la alumna, agradecida al maestro, es una conciencia infeliz. Y lo es porque cuando comienza a hablar, o mejor dicho, siempre que retoma el interminable y silencioso diálogo con el maestro, con sus preguntas y sus respuestas, incluso en el caso de un maestro que no quiera tener la última palabra, se siente cuestionada, recusada, acusada por la voz del maestro que habla en ella, antes que ella, para regañarla por aquella réplica, a la que él, en el fondo, ya había respondido. Entonces se verá obligada a permanecer en la infancia, esto es, a no hablar; de no ser porque aquella infelicidad solo deriva de disimular ante sí misma que, tanto en la academia como en la vida, el maestro, no menos que el padre, está siempre ausente» (ibíd., p. 49), que es menester comparar con el siguiente pasaje de Derrida, *La escritura y la diferencia,* trad. de Patricio Peñalver, Barcelona, Anthropos, 1989, pp. 47-48: «Pero la conciencia del discípulo, cuando este empieza no digo que a discutir, pero sí a dialogar con el maestro, o más bien a proferir el diálogo interminable y silencioso que lo constituía en discípulo, entonces, la conciencia del discípulo es una consciencia desgraciada. Cuando esta empieza a dialogar en el mundo, es decir, a responder, se siente ya desde siempre cogida en

falta, como el niño, el infante, que, por definición, y como su nombre indica, no sabe hablar y así sobre todo no debe responder. [...] Se siente indefinidamente discutido, o recusado, o acusado: como discípulo, lo es por el maestro que habla en él antes que él para reprocharle que levante esta discusión y para recusarla por anticipado, al haberla desarrollado antes que él. [...] Esta desgracia interminable del discípulo consiste quizás en que no sabe, o en que todavía se oculta a sí mismo, que, como la verdadera vida, el maestro está quizá siempre ausente».

5. Tampoco la fisonomía ayuda. Hay una foto de Wittgenstein que rivaliza con el autorretrato de Egon Schiele en la mirada perturbada y en todo lo demás; coged además una foto de Foucault: cara de loco, pero de loco de veras, que ríe; o fijaos en el daguerrotipo de Schelling: puro espiritismo, o en la foto de Brentano, entre Klimt y Buffalo Bill. Pero en esta galería, como es de imaginar, no puede faltar Nietzsche, de quien un intérprete genial y sin prejuicios como Derrida ha sugerido que tenía cara de medio tonto, cf. *Otobiographies, L'enseignement de Nietzsche et la politique du nom propre,* París, Galilée, 1984.
6. Las invectivas de Schopenhauer contra profesores son la excelsa expresión de un estilo florido. Sobre maestros venerados, Edmondo Berselli, por desgracia fallecido, escribió un libro notable (*Venerati maestri,* Milán, Mondadori, 2006), en cuya solapa se lee: «Esto no es un ensayo ni una novela, sino el primer libro cómico sobre la cultura italiana». Sin embargo, no creo que sea el único, sobre todo si no nos limitamos al área protegida de la comicidad voluntaria. Pero, incluso sin salir de ella, he aquí el catálogo (citado de memoria y en orden cronológico inverso). Comienza con las recentísimas *Carognate, cazzate e consiglio,* de Maria Turchetto, Santa Maria di Capua Vetere, CE, Spartaco, 2006, donde son objeto de burla diversos intelectuales italianos; saltamos, en la década anterior, a *Il giovane Cacciari,* Viterbo, Stampa Alternativa, 1995, de Dario Borso; luego, para los años ochenta, tenemos todo el exuberante género de las críticas demoledoras de *El nombre de la rosa;* finalmente, encontramos *Gli intelligenti,* de Vincenzo Guerrazzi, Nápoles, Marotta, 1978, que fue todo un acontecimiento y cuyo título resuena en el subtítulo de Berselli: *Operetta immorale sugli intelligenti d'Italia*. A esto hay que añadir a Federico Tagliatesca (en realidad el filósofo analítico Pascal Engel), que en *Instructions aux Académiques,* prefacio de Pascal Engel, Ruán, Chomant, 2005, desarrolla una sátira swiftiana de la vida académica, o sea, de la imbecilidad de los supuestamente inteligentes. Y

aquí podemos detenernos, «sin aspirar a haber completado la lista», habida cuenta de que la categoría de «crítica de la cultura» ha proporcionado a menudo una llave maestra para hablar de las cosas elevadas como si fueran de baja condición y a la inversa, pues, por ejemplo, en las *Sessanta posizioni* (Milán, Feltrinelli, 1971) de Arbasino, uno de los héroes del libro de Berselli, podemos encontrar tanto la ridiculización como el enaltecimiento del pensador entrevistado.

7. Blaise Pascal, *Pensieri* (1670), Turín, einaudi,, fr. 572 [existe edición parcial en este mismo sello: *Pensamientos,* selección de Xavier Zubiri, Madrid, Alianza Editorial, 2015 *(N. del E.)*].
8. Friedrich Nietzsche, *Así habló Zaratustra* (1884), Segunda Parte, «La canción del baile» (trad. de Andrés Sánchez Pascual, Madrid, Alianza Editorial, 2015, pp. 188-191).
9. Martin Heidegger, *Mein liebes Seelchen! Briefe von Martin Heidegger an seine Frau Elfride, 1915-1970,* ed. a cargo de G. Heidegger, Múnich, Dt. Verl.-Anst., 2005, p. 125.
10. Thomas Bernhard, *Maestros Antiguos,* trad. de Miguel Sáenz, Madrid, Alianza Editorial, 2015, pp. 65-69. El autor hace aquí una traducción propia, condensada y algo libre, del original alemán, que conservamos para respetar la intención del texto italiano. *(N. del E.)*
11. David H. Pinsent, *Vacanze con Wittgenstein. Pagine di un diario* (1912-1914), trad. it. de M. Premoli, Turín, Bollati Boringhieri, 1992.
12. Joseph de Maistre, *Examen de la philosophie de Bacon*, París-Lyon, Poussielgue-Rusand/Pelagaud, Lesne et Crozet, 1836, vol. 1, p. 229.
13. Ibíd., vol. I, p. 231.
14. Ibíd., vol. I, p. 231.
15. Ibíd., vol. I, pp. 245-246.
16. Ibíd., vol. I, p. 247.
17. Ibíd., vol. I, p. 297.
18. Ibíd., vol. I, pp. 72-73.
19. Ibíd., vol. I, p. 11.
20. Joseph de Maistre, *Les Soirées de Saint-Pétersbourg* (1821), Lyon, Louis Lesne, 1842, p. 151 [ed. cast., *Las veladas de San Petersburgo,* Madrid, Espasa-Calpe, 1998].
21. Ibíd., p. 138.
22. Ibíd., p. 128.
23. Ibíd., p. 131.
24. Ibíd., p. 130.
25. Ibíd., p. 134.
26. Ibíd., p. 100.

27. Ibíd., p. 127.
28. Italo Svevo, *Romanzi,* Turín, Einaudi-Gallimard, 1993, cap. IV.
29. Véase la dura afirmación de Roland Barthes después de la primera y única sesión de su vida con Lacan, a quien fue a ver por sugerencia de Philippe Sollers para resolver sus problemas amorosos: «un imbécil» (él) y «un estafador» (Lacan).
30. Véase este pasaje del Sujeto Supuesto Saber por excelencia en *La sexualidad en la etiología de la neurosis:* «Es preciso no dejarse arrastrar al error por el hecho de que, inicialmente, el paciente niegue todo; hemos de atenernos con firmeza a las conclusiones a las que hemos llegado y terminaremos por vencer toda resistencia insistiendo en el carácter irrefutable de la convicción propia».

3. La imbecilidad como factor político

1. Lynda Dematteo, *L'idiota in politica,* Milán, Feltrinelli, 2011.
2. Kevin Mulligan, *Anatomies of Foolishness 1927-1937,* en «Yearbook. Kungl. Vitterhetsakademien» (KVHAA), Estocolmo, Royal Swedish Academy of Letters, History and Antiquities, 2014, pp. 109-129. La bibliografía es verdaderamente monumental si se tiene en cuenta que se trata de un tema aparentemente marginal. Con la integración de las ya ricas referencias de Mulligan, me abandono al vértigo de la lista y al gusto del sabiondo: Raymond Aron, «The Revolt of the Masses», en *Partisan Review,* LV, 1988, 3, pp. 359-370; Julien Benda, *Sur le succès du Bergsonisme. Précédé d'une Réponse aux Défenseurs de la Doctrine,* París, Mercure de France, 1914; Précision (1930-1937), París, Gallimard, 1937; *Tradition de l'Existentialisme ou les Philosophies de la vie,* París, Grasset, 1947; *Du Style des idées. Réflexions sur la pensée. Sa nature – Ses réalisations – Sa valeur morale,* París, Gallimard, 1948; *La Trahison des clercs* (1927), París, Grasset, 1975; Otto Friedrich Bollnow, *Wesen und Wandel der Tugenden,* Fráncfort del Meno, Ullstein, 1958; Ernst Robert Curtius, «Restauration der Vernunft», en *Neue Schweizer Rundschau,* septiembre de 1927, pp. 856-862; *Deutscher Geist in Gefahr,* Stuttgart-Berlín, Dt. Verl.-Anst., 1932; *Maurice Barrès und die geistigen Grundlagen des französischen Nationalismus* (1921), Hildesheim, Olms, 1962; Edmond Goblot, *La Barrière et le niveau. Étude sociologique sur la bourgeoisie française moderne,* París, Alcan, 1925; Heinrich Gomperz, *Die Lebensauffassung der griechischen Philosophen und das Ideal der inneren Freiheit* (1904), Jena, Diederichs, 1915; *Die Wissenschaft und*

die Tat, Viena, Gerold & Co., 1934; «Limits of Cognition and the Exigencies of Action», en *University of California Publications in Philosophy,* 16, 1938, 3, pp. 53-70; Hugo von Hofmannsthal, «Grillparzer's politisches Vermächtnis» (1915), en *Prosa III. Gesammelte Werke,* Stuttgart, Fischer, 1952, pp. 252-259; Edmund Husserl, *Die Krisis der europäischen Wissenchaften und die transzendentale Phänomenologie,* ed. a cargo de W. Biemel, La Haya, Nijhoff, 1962; *Formal und transzendentale Logik. Versuch einer Kritik der logischen Vernunft,* ed. a cargo de P. Janssen, La Haya, Nijhoff, 1974; Aurel Kolnai, *The War against the West,* Londres, Gollancz, 1938; Frédéric Lefèvre, *Entretien avec Julien Benda,* París, Le Livre, 1925; Karl Mannheim, *Ideologie und Utopie,* Bonn, Cohen, 1929; Czeslaw Milosz, *La pensée captive. Essai sur les logocraties populaires* (1953), París, Gallimard, 1994; Robert Musil, «Über die Dummheit», en *Essays und Reden. Kritik,* ed. a cargo de A. Frisé, Reinbek, Rowohlt, 1983, pp. 1270-1291; «Literat und Literatur», en *Essays und Reden. Kritik,* ed. cit., pp. 1203-1206; Otto Neurath, Rudolf Carnap y Hans Hahn (1929), «Wissenschafliche Weltauffassung – der Wiener Kreis», en Otto Neurath, *Wissenschaftliche Weltauffassung, Sozialismus und logischer Empirismus,* ed. a cargo de R. Hegelsmann, Fráncfort del Meno, Suhrkamp, 1979, pp. 81-101; de José Ortega y Gasset, además de su famosísima *Rebelión de las masas* (1930), Madrid, Alianza Editorial, 2014, véase *En torno a Galileo,* Madrid, Espasa Calpe, 1966; *España invertebrada* (1922), Madrid, Alianza Editorial, 2014; *Introducción a una estimativa. ¿Qué son los valores?* (1923), Madrid, Encuentro, 2004; «Reforma de la inteligencia», en *Historia como sistema y otros ensayos de filosofía* (1926), Madrid, Alianza Editorial, 2008, pp. 115-124; «Kosmopolitismus», en *Die Neue Rundschau,* 37, 1926, 2, pp. 1-7, luego «Cosmopolitismo», en *Historia como sistema y otros ensayos de filosofía,* ed. cit., pp. 105-113; Louis Rougier, *Les Mystiques politiques contemporaines et leurs incidences internationales,* Ginebra-París, Librairie du Recueil/Sirey, 1935; *Les Mystiques économiques. Comment l'on passe des démocraties libérales aux états totalitaires,* París, Médicis, 1938; Bertrand Russell, «The Revolt against Reason», en *The Political Quarterly,* 6, 1935, 1, pp. 1-19; *The Autobiography of Bertrand Russell,* Londres, Allen & Unwin, vol. III, 1969; Otto Weininger, *Geschlecht und Charakter. Eine prinzipielle Untersuchung* (1903), Viena-Leipzig, Braumüller, 1921; Ludwig Wittgenstein, *Notebooks 1914-1916,* Oxford, Blackwell, 1979; *Briefe,* Fráncfort del Meno, Suhrkamp, 1980; «Vermischte Bemerkungen», en *Werkaus-*

gabe. VIII. Bemerkungen über die Farben. Über Gewissheit. Zettel. Vermischte Bemerkungen, Fráncfort del Meno, Suhrkamp, 1984.

3. José Antonio Marina, *La inteligencia fracasada. Teoría y práctica de la estupidez,* Barcelona, Anagrama, 2004.
4. Siempre que las cosas hayan ocurrido de esa manera. En Holger Afflerbach, *L'arte della resa. Storia della capitolazione,* trad. it., Bolonia, Il Mulino, 2015, p. 46, leemos que el Imperio romano «no logró imponer a los godos la capitulación tras haberlos derrotado en la batalla de Arianópolis en 378 a.C.». En efecto, es difícil imponer cualquier cosa 756 años antes de una batalla (que, por el contrario, fue a nuestro juicio una catástrofe de la que los romanos nunca se recuperaron) y en una región en la que no había godos ni romanos. Probablemente es un problema de la traducción. Si no fuese así, *L'arte della resa* merecería contarse entre los clásicos del humorismo. «El capitán Maerker, comandante del crucero acorazado *Gneisenau* [...] era un comandante muy capaz y querido por sus hombres. En los primeros meses de guerra escribió a su mujer una serie de cartas que han llegado a nosotros. *Estas cartas tienen un tono repugnante*» (p. 131). Entran en escena los *lager:* «Son ejemplos de ello la guerra bóer y la de los españoles en Cuba: en ambos casos se dispusieron decenas de miles de campos de concentración, y en Cuba murieron más de 100.000 personas», p. 157 (¿dos o tres por campo?). De todos modos, eran los estadounidense quienes habían atacado Cuba, no los españoles, que estaban allí tranquilamente desde hacía cuatro siglos). «El príncipe heredero Rupprecht anotaba: "El ataque del enemigo a la Siegfrid Stellung en los alrededores de Bellicourt ha sido *decididamente lamentable*"» (p. 184).
5. «Los ingleses aseguran que el pueblo alemán se defiende contra las medidas de guerra total del Gobierno. Aquel [el pueblo] no quiere la guerra total, dicen los ingleses, sino la capitulación. Y yo os pregunto: ¿queréis la guerra total? ¿La queréis, más necesaria, total y radical de lo que hoy podamos imaginarla?» Para el audio del discurso y de los entusiastas «síes» a la guerra total, cf. el sitio http://archive.org/details/JosephGoebbels-Sportpalastrede/.
6. Slavoj Žižek, *Il godimento come fattore politico* (1991), trad. it, Milán, Cortina, 2001 [ed. cast., *Porque no saben lo que hacen: El goce como un factor político,* Barcelona, Paidós, 1998]. Para un análisis en profundidad del nexo entre imbecilidad y política, cf. Ekkehart Krippendorff, *Lo stato e la guerra. L'insensatezza delle politiche di potenza* (1985), trad. it., Pisa, Gandhi Edizioni, 2008.

7. Cit. en Luigi Zoia, *Paranoia. La follia che fa la storia,* Turín, Bollati Boringhieri, 2011, p. 238.
8. Martin Heidegger, *Scritti politici,* trad. it., Casale Monferrato, Piemme, 1998, p. 329.
9. Martin Heidegger, *Che cos'è la verità?,* ed. it. a cargo de Carlo Götz, Milán, Marinotti, 2011, p. 122 [ed. cast., *De la esencia de la verdad,* Barcelona, Herder, 2007].
10. Francesco Tomatis, *Bibliografia pareysoniana,* Turín, Trauben, 1998, p. 17.
11. Además de Emir con fez y penacho, Gallináceo de cara fanática, Gran balcón del Santo Sepulcro, Cabeza de muerto con bombín, Prognato autárquico, Fanfarrón apestado, Maldito Merdonio Dictador Apestadísimo... [El título completo de la novela de Gadda es *Quer pasticciaccio brutto de via Merulana*. En traducción española, *El Zafarrancho aquel de vía Merulana. (N. del T.)*]
12. Étienne de La Boétie, *Discorso sulla servitù volontaria* (1576), trad. it., Milán, Feltrinelli, 2014 [*Discurso sobre la servidumbre voluntaria* (1576), trad. José de la Colina, Madrid, Tecnos, 2010]. No es casual que el éxito de la sociedad administrada y más tarde el de la web hayan relanzado este texto del siglo XVI. Cf. Giorgio Agamben, *What Is an Apparatus? And other Essays*, Stanford, CA, Stanford University Press, 2008; Miguel Abensour, «Du bon usage de l'hypothèse de la servitude volontaire?», en *Refractions,* 17, 2006, pp. 65-84; Nicolas Chaignot, *La Servitude volontaire aujourd'hui. Esclavage et modernité,* París, PUF, 2012; Jean-Pierre Durand, *La chaîne invisible. Travailler aujourd'hui. Flux tendu et servitude volontaire,* París, Le Seuil, 2004; Camilla Emmenegger, Francesco Gallino e Daniele Gorgone, «Investire se stessi. Capitalismo e servitù volontaria», en Enrico Donaggio (comp.), *C'è ben altro. Criticare il capitalismo oggi,* Milán, Mimesis, 2014; de los mismos autores: «Tra emancipazione e autoritarismo. Chiarificazioni sulla categoria di servitù volontaria», en *Teoria politica,* 3, 2013, pp. 343-363; Emmanuel Buron, *La nature et ses façons. L'anthropologie politique humaniste d'Étienne de La Boétie,* en «Fabula/Les Colloques», 2015, http://www.fabula.org/colloques/document2490.php; Éric Hamraoui, «Servitude volontaire ou désubjectivation?», en Yves Clot et Dominique Luhilier (comp.), *Travail et santé. Ouvertures cliniques,* Toulouse, Eres, 2010. Y sobre todo Kenneth Minogue, *The Servile Mind,* Nueva York, Encounter Books, 2010.
13. Valdría la pena advertir que se trata de características que ya señalaron Baudrillard hace más de cuarenta años en *El espejo de la producción* (1973), Barcelona, Gedisa, y Perniola en *Società dei si-*

mulacri, Bolonia, Cappelli, 1980. Sin olvidar un libro profético como *Super-Eliogabalo,* Milán, Feltrinelli, de Arbasino, que había captado las ideas del posmodernismo, antes de que empezara a utilizarse el término, en el ya remoto 1969.

14. Es el tema sobre el que ha llamado recientemente la atención Carlo Formenti en *Felici e sfruttati,* Milán, Egea, 2011; en palabras sencillas, imbéciles.
15. Immanuel Kant, «Contestación a la pregunta: ¿Qué es la Ilustración?» (1784), en *¿Qué es la ilustración?,* ed. a cargo de Roberto R. Aramayo, Madrid, Alianza Editorial, 2016, pp. 85-98.
16. Max Horkheimer y Theodor W. Adorno, *Dialéctica de la ilustración,* ed. cit.
17. Así como es bastante de imbéciles ponerse a estudiar los horóscopos de *Los Angeles Times* de noviembre de 1952 a febrero de 1953, como hace Adorno, en busca de la imbecilidad de la masa. Para Adorno, el lector de horóscopos es un potencial oyente de jazz (el mal absoluto o casi absoluto para el Adorno filósofo de la música), una persona dependiente, ansiosa, semiculta, narcisista y resignada, cuyo representante prototípico –escribe Adorno en un acceso de lo políticamente incorrecto– es «el tipo de mujer anciana, compulsiva y solitaria» *(Stella su misura, L'astrologia nella società contemporanea,* 1959, trad. it., Turín, Einaudi, 2010). En realidad, ¿quién es más estúpido? ¿Quien lee los horóscopos o quien escribe ensayos sociológicos acerca de ellos?
18. *I nuovi credenti,* vv. 20-21.
19. Jacques Derrida, *La bestia e il sovrano, volumen I (2001-2002),* trad. it., Milán, Jaca Book, 2009 [ed. cast., *La bestia y el soberano, vol. I (2001-2002),* trad. de Cristina de Peretti y Delmiro Rocha, Buenos Aires, Manantial, 2010].
20. Immanuel Kant, «Idea para una historia universal en clave cosmopolita» (1784), en *¿Qué es la ilustración?,* ed. cit., p. 112.
21. George Bernard Shaw, *The Revolutionist's Handbook and Pocket Companion by John Tanner, M.I.R.C. (Member of the Idle Rich Class)* (1903), Portland, OR, The Floating Press, 2012, p. 33: «We must therefore frankly give up the notion that Man as he exists is capable of net progress. There will always be an illusion of progress, because wherever we are conscious of an evil we remedy it, and therefore always seem to ourselves to be progressing, forgetting that most of the evils we see are the effects, finally become acute, of long-unnoticed retrogressions; that our compromising remedies seldom fully recover the lost ground; above all, that on the lines along which we are degenerating, good has become evil

in our eyes, and is being undone in the name of progress precisely as evil is undone and replaced by good on the lines along which we are evolving. This is indeed the Illusion of Illusions».

22. Gustave Flaubert, *L'Éducation sentimentale* (que por coherencia cito de la edición de París, Conard, 1910, p. 483): «En dépit de la victoire, l'égalité (comme pour le châtiment de ses défenseurs et la dérision de ses ennemis) se manifestait triomphalement, une égalité de bêtes brutes, un même niveau de turpitudes sanglantes [...] La raison publique était troublée comme après les grands bouleversements de la nature. Des gens d'esprit en restèrent idiots pour toute leur vie».
23. Diomede Marinelli, *La caduta di Napoli. Entrata dell'Armi Reali in Napoli,* Nápoles, La Città del Sole, 1998, p. 23.
24. Franco Cassano, *L'umiltà del male,* Roma-Bari, Laterza, 2011.

4. Dialéctica de la imbecilidad

1. Harry Frankfurt, *Stronzate. Un saggio filosofico* (1986), trad. it., Milán, Rizzoli, 2005.
2. John Stuart Mill, *El utilitarismo* (1863), cap. II (Madrid, Alianza Editorial, 2014, pp. 58-96).
3. Jacques Lacan, *Les non-dupes errent: Séminaire, 1973-1974,* inédito dactilografiado.
4. Schelling, *SW,* VII, p. 389.
5. Reconstruido con fuerza visionaria y literaria en Paolo Febbraro, *L'idiota. Una storia letteraria,* Florencia, Le Lettere, 2011.
6. Charles Baudelaire, *Journaux intimes,* en *Œuvres complètes,* París, Gallimard, 1993, vol. I, p. 668: «J'ai cultivé mon hystérie avec jouissance et terreur. Maintenant, j'ai toujours le vertige, et aujourd'hui, 23 janvier 1862, j'ai subi un singulier avertissement, j'ai senti passer sur moi *le vent de l'aile de l'imbécillité*».
7. Charles Baudelaire, *Œuvres complètes,* ed. a cargo de Claude Pichois, 2 vols., París, Gallimard, 1975-1976, vol. I., p. 706.
8. Walter Benjamin, *I passages di Parigi* (1983), trad. it., Turín, Einaudi, 2007 [ed. cast., *Obra de los pasajes,* en *Obras,* libro V, vols. 1 y 2, trad. de Juan Barja, Madrid, Abada editores, 2013 y 2015].
9. Baudelaire, *Journaux intimes,* ed. cit., p. 128: «Tous les imbéciles de la Bourgeoisie qui prononcent sans cesse les mots: immoral, immoralité, moralité dans l'art et autres bêtises me font penser à Louise Villedieu, putain à cinq francs, qui, m'accompagnant une fois au Louvre, où elle n'était jamais allée, se mit à rougir, à se cou-

vrir le visage, et, me tirant à chaque instant par la manche, me demandait devant les statues et les tableaux immortels comment on pouvait étaler publiquement de pareilles indécences».

10. Jean-Paul Sartre, *L'Idiot de la famille (Gustave Flaubert de 1821 à 1857),* 2 vols., París, Gallimard, 1971.
11. Fiódor Dostoyevski, *Crimen y castigo* (1866), Madrid, Alianza Editorial, 2017, p. 265: «Ya ves, Rodia, que reconozco que eres un chico listo, ¡pero eres un necio!».
12. Roland Barthes, *Miti d'oggi* (1970), trad. it., Turín, Einaudi, 2005 [ed. cast., *Mitologías,* Madrid, Siglo XXI, 2016].
13. Giulio Einaudi en el afectuoso testimonio de Ernesto Ferrero, *I migliori anni della nostra vita,* Milán, Feltrinelli, 2005.
14. Pero tal vez funcione. Hoy, 15 de agosto de 2016, el filósofo Karl-Otto Apel aún vive, pese a haber nacido el 15 de marzo de 1922.
15. Winthrop N. Kellog, *The Ape and the Child,* Nueva York, McGraw-Hill, 1933; cf. también Cathy Hayes, *The Ape in Our House,* Nueva York, Harper & Brothers, 1951.
16. Desmond Morris, *The Naked Ape, A Zoologist's Study of the Human Animal,* Nueva York, McGraw-Hill, 1967 [ed. cast., *El mono desnudo,* Barcelona, DeBolsillo, 2017].
17. *Más allá del bien y del mal,* § 62 (Madrid, Alianza Editorial, 2012, pp. 111-114).
18. Schelling, *SW,* VII, p. 381.
19. M. Heidegger, *Grundbegriffe der Metaphysik. Welt – Endlichkeit – Einsamkeit,* en *GA* 29/30, p. 261.
20. G. Lukács, *Sulla povertà di spirito,* ed. a cargo de P. Pullega, Bolonia, 1981, pp. 100-115. «Un hombre común, gris, nunca puede ser un pobre de espíritu [...] Pobreza de espíritu significa liberación de la propia determinación psicológica para ponerse al servicio de una necesidad más profunda, metapsíquica y metafísica», p. 111 [ed. cast., *Sobre la pobreza de espíritu,* Buenos Aires, Gorla, 2015].
21. Derrida, *La bestia e il sovrano,* ed. cit.
22. Escribe Schelling *(SW,* VII, 371): «También en el animal, lo mismo que en cualquier otro ser natural, está activo ese oscuro principio [la *bêtise,* podríamos decir], pero aún no se lo ha sacado a la luz, como en el hombre, no es espíritu e intelecto, sino pura avidez y mero apetito; en resumen, no es aquí posible ninguna caída, ninguna separación de los principios, pues no hay unidad absoluta o personal alguna».
23. Nietzsche, *El Anticristo,* § 29 (Madrid, Alianza Editorial, 2011, pp. 73-74).
24. Schelling, *SW,* VII, p. 388.

25. Rousseau, *Discours sur les sciences et les arts,* en *O.C.,* III, p. 30 [ed. cast., *Discurso sobre las ciencias y las artes. Discurso sobre el origen de la desigualdad entre los hombres,* Madrid, Alianza Editorial, 2012].
26. Lo han comprendido bien tanto Arendt (Hannah Arendt, *Eichmann en Jerusalén. Un estudio sobre la banalidad del mal,* Barcelona, Lumen, 2003) como, más recientemente, el ya citado Cassano.
27. Es difícil no extraer conclusiones desfavorables, por ejemplo, de la circunstancia de que el fenómeno, que tuvo lugar un domingo, sorprendió a los cristianos en las iglesias y los impulsó luego a la costa oceánica, donde fueron abatidos por un tsunami, y en cambio no afectó a los musulmanes, que se habían quedado en casa.
28. La voluntad es infinita y el principio oscuro de todo. De ahí la génesis de la imbecilidad: «El principio, en tanto nace del fundamento y es oscuro, es el deseo propio *(Eigenwille)* de la criatura, que, sin embargo, en tanto (como principio del intelecto) no ha llegado todavía a la unidad perfecta con la luz (no la comprende), es mera codicia irresistible *(Sucht)* o avidez *(Begierde),* es decir, deseo ciego» *(SW,* VII, p. 363). En pocas palabras, todos los errores nacen del hecho de que lo único infinito en el hombre es la voluntad. Esta imbecilidad es en cierto modo deseada y forma parte del proyecto divino. Un poco más adelante *(SW,* VII, p. 367), a propósito de un comentario aprobatorio de Leibniz, observa Schelling que si el hombre hubiera poseído todas las perfecciones se habría igualado a Dios. Es difícil no pensar, a tono con Candide, que el Omnipotente ha exagerado.

Epílogo. Fenomenología del espíritu

1. Cicerón, *De natura deorum,* III, 26.
2. Este y muchísimos otros testimonios se encuentran en el bellísimo libro de Catherine Millot, *La vie avec Lacan,* París, Gallimard, 2016.
3. «"¿Nos vamos?", dijo Léon al fin impacientándose. *"Yes."* Pero, antes de marcharse, quiso ver al jefe de comedor y le felicitó». Gustave Flaubert, *Madame Bovary,* Madrid, Alianza Editorial, 2014, p. 414.
4. Edmondo de Amicis, *Corazón,* «Franti, expulsado de la escuela. Sábado, 21 de enero» (Madrid, Alianza Editorial, 2015, p. 101).
5. G. W. F. Hegel, *Estética* (1836-1838), trad. it., Turín, Einaudi, 1972, vol. I, p. 148 [ed. cast., *Lecciones sobre la estética,* trad. de Alfredo Brotons Muñoz, Madrid, Akal, 1989].

6. «Y el novio se fue, con el corazón atormentado, repitiendo aún aquellas extrañas palabras: de este modo, habrá finalmente justicia. A tal punto es cierto que un hombre vencido por el dolor no sabe lo que dice.»
7. Para los más jóvenes: el rey, el cardenal, el rico, lloran por molestias mínimas. El campesino, en cambio, al que le han quitado todo, no llora, ríe. «Pero él no, él no lloraba, sino que sonreía sarcásticamente. / Pero, ¿está en sus cabales? ¿Es tonto? ¡No! Lo que sucede es / que nosotros, campesinos [...] / nosotros, campesinos [...] / y siempre hemos de estar alegres, / pues nuestro llanto hace mal al rey, / hace mal al rico y al cardenal, / que se ponen tristes si lloramos.»
8. Carlo Emilio Gadda, *Socer generque,* en *Accoppiamenti giudiziosi,* Milán, Adelphi, 2011.
9. Thomas Pakenham, *The Scramble for Africa,* Londres, Abacus, 1992, p. 265.
10. Francis Scott Fitzgerald, *The Crack-up,* Nueva York, J. Laughlin, 1945 [ed. cast., *El Crack-up,* Madrid, Capitán Swing, 2012].
11. Baudelaire, *Mon coeur mis à nu*, en *Œuvres complètes,* vol. I, p. 697 [ed. cast., *Mi corazón al desnudo y otros papeles íntimos,* Madrid, Visor, 2009]: «Théorie de la vraie civilisation. Elle n'est pas dans le gaz, ni dans la vapeur, ni dans les tables tournantes. Elle est dans la diminution des traces du péché originel».
12. Baudelaire, *Las flores del mal,* Madrid, Alianza Editorial, 2017, p. 23.
13. Umberto Eco, «Come prepararsi alla morte. Sommesse istruzioni a un eventuale discepolo», en *l'Espresso,* 12 de junio de 1997; luego en *A passo di gambero,* Milán, Bompiani, 2006 [ed. cast., *A paso de cangrejo: artículos, reflexiones y decepciones, 2000-2006,* Barcelona, Debate, 2007].
14. He desarrollado este tema en *Piangere e ridere davvero. Feuilleton,* Génova, Il nuovo melangolo, 2009.